守望者
The Catcher

阅读　你的生活

中国人的生死观

王中江 著

中国人民大学出版社
·北京·

前言

在所有的认识对象中，人是最难认识的，但在所有的事物中，又只有人才能反观自身。苏格拉底早就揭示了人类认识的永久方向和课题——“认识你自己”。“认识你自己”并不容易，但“认识你自己”最终又离不开“你自己”。我们可以为人能认识自己而自豪，但又不能无视人之难知而过分乐观。有时，我们似乎能说我们认识了人的一切，人人无不“曾相识”（亦可说“天下谁人不识君”——高适：《别董大》），但有时我们似乎又深深感到我们对人是那么一无所知，处处是解不开的“谜”，充满着陌生和隔膜，可谓是“不识庐山真面目”。这样，继续去“认识你自己”，认识每一个我的你自己，仍是人类的遥远目标。但是，对人的已有认识，并非一无是处，它是我们继续认识人的出发点和潜在资源，因此，解读和理解人类认识人的已有历史，对我们来说就不是一件多余的事，这就是所说的“温故而知新”。

对人的认识，在某种意义上可以说就是对人的生死的认识。这并不奇怪，人的最切己的问题就是“生与死”，除了生与死，人还有什么呢？庄子说“死生亦大矣”（《庄子·田子方》）。莎士比亚在《哈姆雷特》中也说：“生存还是毁灭，这是一个值得考虑的问题。”正是这个生和死，时时牵动着人的心灵。尽管我们的生不事先经过我们的同意而有，但既有了生，我们就得谋划、设计如何生；尽管我们的死也不经过我们的许可而来临，但死无论何时最终都要来与我们照面，有一句格言说：“生命中最确定的事情是，我们都会死亡；最不确定的则是，死亡将于何时降临”（斯·格罗夫：《死亡探秘——人死后的另一种境况》，中国人民大学出版社，1991，第1页）。生对有的人来说是乐，而且乐此不疲，俗话说“好死不如赖活着”，“求长生者，正惜今日之所欲耳”（《抱朴子·内篇·对俗》）。但对有的人来说又是苦，所谓人生一大苦海，无生才能到彼岸，有一首诗说：“‘唉，去死吧，去吧’，奔向人人已去或必去的去处！去化为虚无，像回到已往——还未曾出生，还未曾受苦！算算有几时你心情欢畅？算算有几天你不曾烦恼？你就会明白：不管你怎样，不再活下去比活着要好”（《拜伦抒情诗七十首》，湖南人民出版社，1981，第38页）。死在有的人那里，是一场噩梦，充满恐惧和忧伤，但在有的人那里，却成为解脱和进入天堂之门的象征。人就这样生生死死，死死生生，从此岸到彼岸，又从彼岸到此岸。

生死如此与人息息相关，人不能不去认识它，东方、西方，方方皆说生和死；宗教、哲学、文学，门门都有生死论。生死又是那样奇妙无穷，有多少人就有多少种生死观。生是生，死是死，生死不一，故乐生而恶死，乐死而恶生，物之情也，如此论者不乏也；生死同门，万物为一，天之道也，故“生而不说，死而不祸”（《庄子·秋水》）、“生时不须歌，死时不须哭”（王梵志语），持此见者多有也。生者何，死者何，谁知其中真滋味，因生而知死，故孔子说：“未知生，焉知死”（《论语·先进》）。然如何因冥想死而知生？海德格尔呼唤“先行到死”。或也可说，知生以知死，知死以知生，因为生死从来都是相连的，谁也不总是在谁之先。面对生死的已有论说和见解，我愿更有说。然在此我更想与人先看看中国人的生死观。

有始就有终，有生就有死，生在时间上是有限的。面对此有限的生和必然的死，坦然自若，既不厌生，也不超死，尽伦尽职，死而后已。生命有限，但德、功、言无限，生时立德、立功、立言，死时获不朽，有此之不朽，可弥补生命之有限，这是儒家的生死态度，张载说得最好：“存，吾顺事；没，吾宁也”（《正蒙·乾称篇》）。道家也承认生的有限性，然老子主长生久视，为此而讲“养生”，教以“柔弱不争”；而庄子则立足于万物一体、“通天下一气”，打破生死的界限，以生死为一，顺其物化，任其自然，生不乐，死不悲，超脱达观。沿着老子的路，与“不死”“成仙”的古老梦想和神仙方术合流，以“长生不死”“肉体飞升”为信仰，苦苦修炼，试图“逆天”，对抗自然，超越形体生命的有限性，走向无限，这是道教的生死观。沿着庄子的方向，并与儒家相融会，成为新道家、新儒学的生死观。生无生，死无死，生无乐，死仍苦，生死轮回，因果报应，超越轮回，使有限成为无限，这是佛教的生死观。

何以有生，何以有死，这是生死本体论，在此，中国哲人多以天道、气化解之，偶尔也求之于命，所谓“天地之大德曰生”（《周易·系辞下》），所谓“人之生，气之聚也；聚则为生，散则为死”（《庄子·知北游》），所谓“死生有命”（《论语·颜渊》）。气有阴阳、粗精，人分形体和精神，生则形神合，气充一身，死则形神离，气返回自然或天，所谓鬼，即归也，此种观念，中国哲人多主之。佛教主张“神不灭”，兴盛一时。民间存有鬼神世界，其符号大致为人世之延伸。

人死之后，不承认鬼神世界，然儒家重丧，送以葬礼，事以祭祀，所谓“慎终追远”（《论语·学而》），所谓“事死如生，事亡如存”（《荀子集解·礼论》俞樾语），此为孝心在死中之继续。儒家此种观念，在中国实际社会生活中影响很大，虽有墨家“节葬”之主张，以矫儒家厚葬久丧之弊，然终不可逆转儒家之影响。道家既不承认死后的世界，也不关心死事，其极致者，乃有如下之言：“既死，岂在我哉？焚之亦可，沈之亦可，瘗之亦可，露之亦可，衣薪而弃诸沟壑亦可，衮衣绣裳而纳诸石椁亦可”（《列子·杨朱》）。

人生在世，如何存在才最值得？儒家的回答是，追求道德价值，为了道德价值，宁可舍弃生命，所谓“志士仁人，无求生以害仁，有杀身以成仁”（《论语·卫灵公》）。生要有价值，死也要死得其所。在道家那里，精神的自由是首要的，个体的生命是珍贵的，如果说儒家重群体，道家则可以说重个体，如杨朱主“为我”，“拔一毛而利天下，不为也”（《孟子·尽心上》）。佛教一方面厌生，把生的价值虚无化，同时也以慈悲为怀，要普度众生，求共同之善。

中国的生死智慧丰富多彩，而在此的概括难免挂一漏万，不够恰当，需要正文来具体化，然正文的讨论和考察，也多有遗失，尤其详略不允。而且，希望着重提供线索，多求原典来发言，故不以充分解释见长，也不以多加发挥为务。可这又正是遗憾所在。我希望有机会重讲中国生死智慧，那将应更多地带上新的生死智慧的色彩，将应是中西会通之后的中国生死智慧。

目　录

第一章　先秦儒道墨法生死观及其比较

借用美国当代社会学家塔尔科特·帕森斯（Talcott Parsoons）的说法，公元前1000年，中国与希腊、以色列、印度一样，不谋而合地经历了一个“哲学的突破”阶段。所谓“哲学的突破”，即对构成人类之处境的宇宙的本质产生了一种理性的认识，这种认识所达到的层次之高，是从来都不曾有的。与这种认识相伴而有的则是对人类处境本身及其基本意义有了新的解释（参见余英时：《士与中国文化》，上海人民出版社，1987，第28－33页）。的确，在先秦时代，中国哲学智慧经历了一次突破性的发展，可称之为中国哲学的“轴心时代”。在这一时代，人们第一次系统地表述了具有惊人创发性和成熟性的哲学思想，众多学派纷纷出现，诸子百家自由争鸣，其思想的丰富性和多样性，其心灵的活跃性和超越性，都是空前的，并一直不断成为中国哲学其后历史演化的源头活水。如果我们把视野缩小到“生死”这一与人最息息相关的“切己”问题上，那么，我们更容易看到中国哲人的突破性智慧。不过，在此我们不做面面俱到的说明和罗列，我们以儒、道、墨、法这四家为代表，通过对它们的分别考察和比较分析，展示一下先秦中国哲学中的生死观。

一、儒家——“未知生，焉知死”

儒家的生死观开创于孔子，后在孟子和荀子那里获得了一定的发展。谈到孔子的生死观，我们立即就能想到孔子的两句名言：“未知生，焉知死?”（《论语·先进》）“未能事人，焉能事鬼?”（同上）在此，人的两极世界，即此岸的生和彼岸的死的相对性已被正式地提了出来，但是，对这两极世界，孔子真正关心的则是生的世界，而不是死的世界，是现实的此岸而不是遥远的彼岸。在他看来，人应优先考虑的是对生的了悟，了悟了生，自然就能认识死。同样，人在生的世界中与人为善，和谐地处理人与人之间的关系，人在死后自然也能与另一个世界中的存在和睦共处。正是由于把生置于首要的位置上，所以在孔子那里，问题的中心就是如何生，如何使有限的生命获得一种超越的价值。这与海德格尔的说法有所不同。在海德格尔看来，先领会死的意义，才能更好地把握现实的生。人到死时才知道生的宝贵和生的意义，并试图寻找失去的东西，此时已太晚了，如果在生时使死先行到来，提前领会死亡，就会认识到生的真正意义，并更好地去生。当然海德格尔把人界定为一种等待死亡的存在，显然过分夸大了死对人的制约。实际上，人在生时，往往都把死预设在将来，在这个将来到来之前，人始终都是一个“尚在的存在”。人不是等待去死，因为死不是人所期望的目标，它只是人的生命历程中一个最后的自然阶段，在这个阶段，人就有了死的体验，有了结束一切体验的体验。但通常人在生和死之间都设置着一个距离，把死从自己的暂时性中驱开，使生安定下来，设计生。人不是觉得自己马上要死，而是觉得自己不是马上死，正是由此，他不断地进行生的谋划，对死前的谋划，对死之前的生的将来的谋划。回到孔子那里，我们所看到的都是对生的积极的谋划，而不是像海德格尔所说的那样，消极地等待死亡，向死而在。

显然，孔子是重视人的生命的，马厩失火，他问伤人没有，不问马如何。据载孔子反对人殉，对以俑代人也深为不满，他曾义愤地说：“始作俑者，其无后乎？”（《孟子·梁惠王上》）从重视人的生命这种观念出发，孔子要求“仁”。所谓仁，照孔子的解释，就是“爱人”，就是“推己及人”，将心比心，设身处地，用孔子的话说就是：“己所不欲，勿施于人”（《论语·卫灵公》），“己欲立而立人，己欲达而达人”（《论语·雍也》）。在此，孔子表达了这样一种意识，即要求把别人放在与自己相同的位置上，肯定他人与我一样，都具有生存的合法性及“实现自我”的崇高权利，主张把他人也视为目的，而不是“工具和手段”，尊重自己也尊敬他人。在孔子那里，“爱人”虽有差等之分（由近及远），但“爱”的对象，并不是人类中的一部分人，而是人类整体，他明确地说："泛爱众"（《论语・学而》）。

重视人的生命，绝不意味着只是重视人的形体和生存的自然欲望，实际上，与此相比，孔子更重视的是人的精神生命和道德价值。他这样说："朝闻道，夕死可矣"（《论语・里仁》）。即如果追求到了真和善（"道"），就是立即死去也是值得的。在孔子看来，在生与仁二者不能同时兼顾的情况下，应优先选择的是道德的善——"仁"，而不是一己的形体生命，他说："志士仁人，无求生以害仁，有杀身以成仁"（《论语・卫灵公》）。这也就是把真实性和道德理想的价值，看得高于人的形体生命。同样，在富贵（物质利益）与义（道德价值）的关系上，孔子也是把义放在第一位，要求以义统利。说起来，孔子并不反对富贵和物质利益，他在政治上主张的就是"因民之所利而利之"（《论语・尧曰》）的富民政策，他自己也有致富的强烈愿望，他说："富而可求也，虽执鞭之士，吾亦为之"（《论语・述而》）。并且孔子认为在一个合理的社会中，如果仍然贫贱，那是可耻的："邦有道，贫且贱焉，耻也"（《论语・泰伯》）。但是，孔子要求"见得思义""见利思义"，特别是在生存所需要的物质利益与精神道德原则发生冲突的情况下，孔子毫不犹豫地取义舍利，他说："不义而富且贵，于我如浮云"（《论语・述而》）。"富与贵，是人之所欲也，不以其道得之，不处也"（《论语・里仁》），这仍是把道德精神价值放在生的物质自然欲望之上。

为了实现道德价值和自我完善，孔子主张积极有为，不懈努力。在他看来，人生在世，是一种连续不断的追求历程，在这一历程中，不能停顿或后退，他说："士不可不弘毅，任重而道远。仁以为己任，不亦重乎？死而后已，不亦远乎？"（《论语·泰伯》）所以，孔子强调"学"和"行"，反对饱食终日，无所用心。孔子总结他一生的道路说："吾十有五而志于学，三十而立，四十而不惑，五十而知天命，六十而耳顺，七十而从心所欲，不逾矩"（《论语·为政》）。这既反映了孔子不断追求的过程，同时也说明在这一过程中他不断达到超越的境界。

不过，孔子承认，在人生中，有的事情是他的力量所不能左右和支配的，而支配它的，好像有一种特别的力量或意志。这就是"天"和"命"。孔子说颜渊"不幸短命死矣"（《论语·雍也》），"吾谁欺？欺天乎？"（《论语·子罕》），"获罪于天，无所祷也"（《论语·八佾》），子夏说"商闻之矣，死生有命，富贵在天"（《论语·颜渊》），其中的"天"和"命"，都是指超越于人之上的一种力量或意志。在孔子看来，人努力去做了，而事仍不成，这就是天命。

优先考虑道德价值并在行动中努力去实践，就使得孔子在粗茶淡饭的物质生活中仍能保持"乐以忘忧"的精神境界。在《论语》中，孔子多次讲到"乐"（"快乐"），但他所说的乐，不是体现在形体感官的满足上或物质生活的丰富享受上，而是体现在对普遍价值和自我完善的追求上或精神的满足上，如"乐道""乐德""乐仁"，"乐节礼乐，乐道人之善，乐多贤友"（《论语·季氏》），他最得意的门生颜渊的乐就是这样，颜渊的物质生活是"一箪食，一瓢饮，在陋巷"，但"人不堪其忧，回也不改其乐"（《论语·雍也》）。他自己也是如此，“饭疏食饮水，曲肱而枕之，乐亦在其中矣”（《论语·述而》）。在人生的这种精神快乐中，孔子忘记了他自己生命的有限性，“发愤忘食，乐以忘忧，不知老之将至云尔”（同上）。

孔子注重人生的现实，不冥想彼岸的死的世界，但他对人的死仍是关心的，这种关心体现在他的丧礼观念中。他的学生曾说：“慎终追远，民德归厚矣”（同上）。这就是说，关心人的死，对死者寄予深深的悲哀和无限的怀念，就会使活着的人有更高的道德境界。刘向《说苑·辨物》记载：“子贡问孔子：‘死人有知无知也？’孔子曰：‘吾欲言死者有知也，恐孝子顺孙妨生以送死也。欲言无知，恐不孝子孙弃不葬也。赐欲知死人有知将无知也，死徐自知之，犹未晚也。”在此，孔子同样想回避人死后的问题，但这种回避则是出于对死者举行适当葬礼的需要，孔子强调，子对父母从生到死都要以礼相待，他说：“生，事之以礼；死，葬之以礼，祭之以礼”（《论语·为政》）。孔子的这种观念，成了儒家思想的特色之一。

与孔子一样，孟子也把思考的中心放在人生的现实中，而不冥想人在死后的世界是如何存在的。孟子首先讨论了人之为人的根本特性，照他的说法，人之异于禽兽的地方在于人具有道德本性，即“仁”，他说：“仁也者，人也”（《孟子·尽心下》）。他还把这种本性内在化为人的先天存在，提出了影响深远的“性善说”。在他看来，生存感官欲望，如食色，并不是只有人才有，其他动物也都有，因此把食色作为人性，区分不了人之为人的特质。把人与动物区分开，靠的是人所特有的善性，孟子说：“恻隐之心，仁之端也；

羞恶之心，义之端也；辞让之心，礼之端也；是非之心，智之端也”（《孟子·公孙丑上》）。孟子强调，这些善性，都是先天赋予我的，“仁义礼智，非由外铄我也，我固有之也”（《孟子·告子上》）。如果丧失了这种先天的善性，人也就不成其为人了，“无恻隐之心，非人也；无羞恶之心，非人也；无辞让之心，非人也；无是非之心，非人也”（《孟子·公孙丑上》）。

既然仁义等道德本性是人之为人的特质，自然就应该把它放在第一位。孟子正是这样，在仁义与生不能兼得的条件下，他要求选择仁义：

> 生亦我所欲也，义亦我所欲也；二者不可得兼，舍生而取义者也。生亦我所欲，所欲有甚于生者，故不为苟得也；死亦我所恶，所恶有甚于死者，故患有所不辟也。如使人之所欲莫甚于生，则凡可以得生者，何不用也？使人之所恶莫甚于死者，则凡可以辟患者，何不为也？由是则生而有不用者，由是则可以辟患而有不为也，是故所欲有甚于生者，所恶有甚于死者。非独贤者有是心也，人皆有之，贤者能勿丧耳。一箪食，一豆羹，得之则生，弗得则死，嘑尔而与之，行道之人弗受；蹴尔而与之，乞人不屑也；万钟则不辩礼义而受之。万钟于何加焉？为宫室之美、妻妾之奉、所识穷乏者得我与？乡为身死而不受，今为宫室之美为之；乡为身死而不受，今为妻妾之奉为之；乡为身死而不受，今为所识穷乏者得我而为之，是亦不可以已乎？此之谓失其本心。（《孟子·告子上》）

同样，礼与食色相比，礼重于食色，“任人有问屋庐子曰：‘礼与食孰重?’曰：‘礼重。’‘色与礼孰重?’曰：‘礼重。’”但任人进一步追问说：“以礼食，则饥而死；不以礼食，则得食，必以礼乎?亲迎，则不得妻；不亲迎，则得妻，必亲迎乎?”对事关生死、婚姻的大事是否一定要以礼处之这一尖锐疑问，屋庐子回答不出，他就去请教孟子，孟子回答得很干脆，说：“这有什么难的呀?你去回答他说：‘扭折哥哥的胳膊，夺他的食物，便得到吃的；不扭，便得不到吃的，还会去扭吗?爬过东邻的墙去搂抱女子，便得到妻室；不去搂抱，便得不到妻室，还会去搂抱吗?’”（《孟子·告子下》）在孟子看来，人对于自己生命需要的东西，都要去爱，但在人身上，有些东西重大，有些则一般，如果满足于感官欲望，而不追求道德理想价值，那就因小失大了，孟子说：“人之于身也，兼所爱。兼所爱，则兼所养也。无尺寸之肤不爱焉，则无尺寸之肤不养也。所以考其善不善者，岂有他哉?于已取之而已矣。体有贵贱，有大小。无以小害大，无以贱害贵。养其小者为小人，养其大者为大人。……饮食之人，则人贱之矣，为其养其小以失大也”（《孟子·告子上》）。

由此可以看出，人先天虽具有善的道德本性，并不是说人后天自然就能保持这种本性。要保持它，需要人的修养扩充功夫，这就是孟子的主体能动性思想。在孟子看来，人具有“存心”“养性”的主观能动性，他说：“求则得之，舍则失之，是求有益于得也，求在我者也”（《孟子·尽心上》）。发挥这种能动性，就能知性、知天，就会不顾生死，达到超越境界：

> 尽其心者，知其性也；知其性，则知天矣。存其心，养其

性，所以事天也。夭寿不贰，修身以俟之，所以立命也。（《孟子·尽心上》）

在孟子看来，妨碍心性的主要因素在于物质欲望，“耳目之官不思，而蔽于物；物交物，则引之而已矣”（《孟子·告子上》）。因此，养心的最好办法是“寡欲”，他说：“养心莫善于寡欲。其为人也寡欲，虽有不存焉者，寡矣；其为人也多欲，虽有存焉者，寡矣”（《孟子·尽心下》）。养心也就是养“浩然之气”，即天人合一的精神境界，孟子说：“我善养吾浩然之气。……其为气也，至大至刚，以直养而无害，则塞于天地之间。其为气也，配义与道；无是，馁也。是集义所生者，非义袭而取之也”（《孟子·公孙丑上》）。这就是说，“浩然之气”的养成，是不断累积的过程，不是一时行为的结果。养得了浩然之气，同时就是“顶天立地的大丈夫”，“居天下之广居，立天下之正位，行天下之大道。得志，与民由之；不得志，独行其道。富贵不能淫，贫贱不能移，威武不能屈，此之谓大丈夫”（《孟子·滕文公下》）。孟子确立的浩然之气的精神境界，对后世影响很大，据此宋代的文天祥提出了“浩然正气”的观念，他在《正气歌》中写道：“天地有正气，杂然赋流形。下则为河岳，上则为日星。于人曰浩然，沛乎塞苍冥。”有了这种浩然正气，就会超越生死。“是气所磅礴，凛烈万古存。当其贯日月，生死安足论。”

照孟子的说法，人来到世间，并不是为了享受，而是承担着历史的使命，为此他必须体验人生的困苦，必须磨炼自己的意志，“天将降大任于是人也，必先苦其心志，劳其筋骨，饿其体肤，空乏其身，行拂乱其所为，所以动心忍性，曾益其所不能”（《孟子·告子下》）。只有这样，他才能达到对生命永恒的彻悟，“然后知生于忧患而死于安乐也”（同上）。孟子也承认天命，他说：“莫之为而为者，天也；莫之致而致者，命也”（《孟子·万章上》）。但他认为，人通过努力能够把握天命，甚至立命，他说：“莫非命也，顺受其正。是故知命者不立乎岩墙之下。尽其道而死者，正命也；桎梏死者，非正命也”（《孟子·尽心上》）。在孟子看来，祸福利害都是自己造就的，并不是天命的结果，“祸福无不自己求之者。《诗》云：‘永言配命，自求多福。’《太甲》曰：‘天作孽，犹可违；自作孽，不可活。’此之谓也”（《孟子·公孙丑上》）。因此，如果要保持生命，要在人间存在，就要积极为善，以仁义行事，否则就是自寻死亡，“今恶死亡而乐不仁，是犹恶醉而强酒”（《孟子·离娄上》），“苟不志于仁，终身忧辱，以陷于死亡”（同上）。

人经受生的磨难，从一方面说是苦，从另一方面说，他追求到了善的理想，同时又是最大的快乐，是一种超越性的满足和真正的充实，孟子说：“万物皆备于我矣。反身而诚，乐莫大焉”（《孟子·尽心上》）。有了这种乐，他面对一切就会“无忧无惧”，就会“仰不愧于天，俯不怍于人”（同上）。

承继了孔子的孝的观念，孟子也强调送终的重要性，在他看来，养活父母不算什么大事，只有给他送终才算大事，“养生者不足以当大事，惟送死可以当大事”（《孟子·离娄下》）。孟子的说法太片面了，赡养父母至少也同样重要。

荀子继续讨论人之为人的问题，在他看来，人之为人在于能群、有辨、有分、有礼、有义：

> 水火有气而无生，草木有生而无知，禽兽有知而无义，人有气有生有知亦且有义，故最为天下贵也。力不若牛，走不若马，而牛马为用，何也？曰：人能群，彼不能群也。人何以能群？曰：分。分何能行？曰：义。（《荀子·王制》）
>
> 人之所以为人者，非特以其二足而无毛也，以其有辨也。夫禽兽有父子而无父子之亲，有牝牡而无男女之别。故人道莫不有辨。辨莫大于分，分莫大于礼，礼莫大于圣王。（《荀子·非相》）

但与孟子不同，荀子认为，作为人的根本特质的礼义群分，并不是人先天具有的"善性"，而是待后天教化而成的"伪"，即人"作为"的结果。他说："礼义者，圣人之所生也，人之所学而能，所事而成者也"（《荀子·性恶》）。与"伪"相对的是"性"，即人生而具有的各种"欲望"，"凡性者，天之就也，不可学，不可事。……不可学，不可事，而在人者，谓之性"（同上）。这种先天的性是人人所同的，"凡人有所一同，饥而欲食，寒而欲暖，劳而欲息，好利而恶害，是人之所生而有也，是无待而然者也，是禹、桀之所同也"（《荀子·荣辱》）。对于人先天具有的这种相同的欲望，荀子并不主张"禁止"或"扼杀"，而是要求"节制"。他说："性者，天之就也；情者，性之质也；欲者，情之应也。以所欲为可得而求之，情之所必不免也。……欲虽不可尽，可以近尽也；欲虽不可去，求可节也"（《荀子·正名》）。"节制"欲望，靠"心"的作用，"人之所欲，生甚矣；人之所恶，死甚矣；然而人有从生成死者，非不欲生而欲死也，不可以生而可以死也。故欲过之而动不及，心止之也。心之所可中理，则欲虽多，奚伤于治!”（《荀子·正名》）

但是，对人的先天欲望，不加节制，任其发展，就是恶，“今人之性，生而有好利焉，顺是，故争夺生而辞让亡焉；生而有疾恶焉，顺是，故残贼生而忠信亡焉；生而有耳目之欲，有好声色焉，顺是，故淫乱生而礼义文理亡焉。然则从人之性，顺人之情，必出于争夺，合于犯分乱理而归于暴”（《荀子·性恶》）。由此出发，荀子要求“为学”和人为的“修养”，并认为这是一个持续的过程，他说：“学恶乎始？恶乎终？曰：其数则始乎诵经，终乎读礼；其义则始乎为士，终乎为圣人。真积力久则入，学至乎没而后止也”（《荀子·劝学》）。

荀子同样强调丧礼，在他看来，死是人生的另一极，不仅事生要以礼，事死也要以礼，始终如一，才算尽了人道，所以君子对人生的开始和结束都很敬重。如果只重其生而轻其死，这就是奸人之道。他说：“礼者，谨于治生死者也。生，人之始也；死，人之终也。终始俱善，人道毕矣。故君子敬始而慎终，终始如一，是君子之道、礼义之文也。夫厚其生而薄其死，是敬其有知而慢其无知也，是奸人之道而倍叛之心也”（《荀子·礼论》）。照荀子的说法，凡是生于天地之间的有血气之类，都一定有知，有知就皆爱其类。在鸟兽中，同类如有死去者，还有哀悼的表现。而人作为有血气之类，其知超过其他一切动物，因而对于死去者，就更会悲哀不止。丧礼正是为了表达人的这种感情而设置的，“三年之丧，何也？曰：

称情而立文”（《荀子·礼论》）。从理智上说，人清楚地知道死者不能复生，但在感情上还希望他与我们同在。所以，丧礼和祭礼，都是要把死者当成活人来看待，以表达自己的怀念之情，“丧礼者，以生者饰死者也，大象其生以送其死也。故事死如生，事亡如存”（同上）。

孔子、孟子和荀子，基本上都不注意生命形而上学问题，孔子“罕言性命与天道”，表明他对生的根源性问题的淡漠，但是《周易》的情形有所不同，照《周易》的说法，生命的根源在于天地：

> 天地絪缊，万物化醇；男女构精，万物化生。（《系辞下》）
>
> 有天地然后有万物，有万物然后有男女，有男女然后有夫妇，有夫妇然后有父子。（《序卦》）
>
> 有天地，然后万物生焉，盈天地之间者唯万物。（同上）

在《周易》那里，天地分别是两种实体，它们具有阴阳的性质，这种性质相互作用就是“道”，“一阴一阳之谓道”，它造就了生命的本性，“继之者善也，成之者性也”（《系辞上》）。“乾道变化，各正性命”（《彖辞》）。但是，《周易》强调生命的“日新”和“变化”，“富有之谓大业，日新之谓盛德，生生之谓易”，“天地之大德曰生”（《系辞下》）。这就要求生命必须适应变化，不断发展自己，“天行健，君子以自强不息”（《象辞》）。只有这样，才能保持“生命的恒久性”，“易穷则变，变则通，通则久”（《系辞下》）。如果不能积极地活动或适应“生生”的原理，就有丧失生存的危险，“危者，安其位者也；亡者，保其存者也”（同上）。为了适应“日新”和“生生”的变化，《周易》主张“知几研几”。所谓“几”，指的是事物变化的“微妙的先兆”，“几者，动之微，吉凶之先见者也”（《系辞下》）。把握了几，同时也就了解了生死变化，幽明之故，也就会顺应变化，乐而不忧，“乐天知命，故不忧”（同上）。君子正是这样，他善于把握事物变化的“先兆”，“见几而作，不俟终日”（同上）。

二、道家——“长生久视之道”

先秦道家的生死观，集中体现在老子和庄子的思想中。老子是道家学派的开创者，说到他的生死观，首先值得注意的是，他从形上之“道”来揭示生命的本源：

> 道生一，一生二，二生三，三生万物。（《老子》四十二章，以下凡引此书，只注章数）
>
> 道生之，德畜之，物形之，势成之。是以万物莫不尊道而贵德。（五十一章）

生命虽根源于道，但在宇宙中，生命存在并不会受到自然的特别恩惠，老子说：“天地不仁，以万物为刍狗”（五章）。这与叔本华的看法类似。在叔本华看来，自然对人的生死并不关心，没有什么情意可言，对自然来说，“个体的生死根本无足轻重，不管动物或人类，它只把他们的生命委之于极琐细的偶然，毫无介入之意”（叔本华：《爱与生的苦恼》，中国和平出版社，1986，第160页）。人生既然是自然中的偶然存在，它的存在就是有限的，老子说：

“天地尚不能久，而况于人乎?”（二十三章）但是，老子又认为，天地有恒久之道，人如果善于“养生”，也仍有“长生久视”的可能性。

如何养生呢？一般的做法是有意识地“重生”，时刻不忘“自身”的存在，以自己为中心，无限地占有外在事物，满足自己的欲望，或者不断地强化自己，增强自己生命的力量，认为只要这样就可“久生”。然而，在老子看来，这恰恰是“死亡之道”，他说：“出生入死。生之徒，十有三；死之徒，十有三；人之生生，动之于死地，亦十有三。夫何故？以其生生之厚”（五十章）。又说：“强梁者不得其死”（四十二章），“物壮则老，是谓不道，不道早已”（三十章）。

在老子那里，所谓养生，是从“负的方面”或“反面”来入手，主要表现为：（一）“寡欲”“知足”。因为欲多伤生，“五色令人目盲；五音令人耳聋；五味令人口爽；驰骋畋猎，令人心发狂；难得之货，令人行妨”（十二章）。“寡欲”也就是“知足”，“知足”就能“长久”，不知足则祸害无穷，损害自己的生命：

> 名与身孰亲？身与货孰多？得与亡孰病？甚爱必大费，多藏必厚亡。故知足不辱，知止不殆，可以长久。（四十四章）
>
> 祸莫大于不知足，咎莫大于欲得。故知足之足，常足矣。（四十六章）

（二）“吾无身”。在老子看来，一味地突出自己，老想把自己放在第一位，反而招致祸患，不能保身，相反，若“吾无身”，事事“不争先”，却能成就自己，“吾所以有大患者，为吾有身，及吾无身，吾有何患？”（十三章）“圣人后其身而身先，外其身而身存。非以其无私邪？故能成其私”（七章）。

（三）“柔弱不争”。照老子的说法，刚强者易死，柔弱者易生，“人之生也柔弱，其死也坚强。万物草木之生也柔脆，其死也枯槁。故坚强者死之徒，柔弱者生之徒”（七十六章）。因为坚强者好勇斗狠，以为自己不可战胜，结果丧失了自己的生命，如果以不争为怀，就不会受到伤害，“夫唯不争，故天下莫能与之争”（二十二章）。“盖闻善摄生者，陆行不遇兕虎，入军不被甲兵；兕无所投其角，虎无所措其爪，兵无所容其刃。夫何故？以其无死地”（五十章）。

（四）“若缺不盈”。在老子看来，过分地展现生命，耗费生命的潜在能量，就会较快地结束生命。因此，如果要保持生命的存在，就要积蓄生命的能量，使它处于“柔弱若不争”和“虚静”的状态，“夫唯啬，是谓早服。早服谓之重积德。重积德则无不克，无不克则莫知其极……是谓深根固柢，长生久视之道”（五十九章）。

“养生”，保持生命的存在，是追求“长生”，与此同时，老子还提出了“死而不亡者寿”的命题。这是强调，人的肉体虽不存在了，但如果他的精神还继续存在，没有被人遗忘，他就超越了他的生的有限性，从而达到了无限性。这正如费尔巴哈所指出的那样：“一个人虽然在现实意义上，在感性意义上，不再生存了，但是，在精神意义上，在回忆中，在尚活着的人的心中，他还是生存着的。对于活人来说，已死的人并不成了‘无’，并不绝对地消灭了；

反之，他似乎只是改变了他生存的形式；他只是由一个肉体的本质变成一个精神的本质，也就是说，由一个现实的本质变成一个仅仅被表象的本质。死人虽然不再造成物质的印象，但是，他的人格，却在回忆中长存，且对活人有所感染。……那么，它就不过表现了下面这样一个不信者也衷心默认的真理和事实，即：即使人已失去其肉体生存，但是，在精神中，在回忆中，在活人的心中，他却仍是生存着的”（《费尔巴哈哲学著作选集》上卷，商务印书馆，1984，第256－257页）。

从以上两方面来说，老子实际上是把人生的“超越性”问题突显了出来。

由老子到庄子，道家的生死观获得了一次充分的发展，不仅在内容上有了大大的丰富，而且在理论上开创出了新的方向，在先秦乃至整个中国古代都占有重要的地位，在一定程度上可以说代表了中国的生死智慧。

庄子的生死观立足于自然主义的观念，在他那里，生与死并不是什么绝对对立的两极世界，而是在根本上统一的，这就是他所说的“生死一条”“死生一如”的思想。从庄子的整个哲学来看，生死为一的思想只是他的齐万物为一逻辑之一个方面。他哲学的最高概念是道，在道中，一切界限，一切区别，都已不复存在，大小、长短、是非、贵贱、寿夭等所有的彼此差别，都被化解，合而为一，这是一个圆融无碍的世界，是一个无任何符号、无任何名言分别的“大全”，有的只是“一”，只是“万物一齐”。要而言之，即“道通为一”。作为万物之一部分的生死，也不例外，在道中达到绝对的统一。

不过，庄子“齐生死为一”的观念，并没有停留在“道通为一”的最高的预设之上，他还有更具体的论述，这就是通过“气”来进一步说明生死为一的道理。

照庄子的说法，人的生命根源于物质性的实体“气”，气聚为生，气散为死，生来自气，死又重归于气。从聚散来说，有生死之不同，但从气来说，生死皆为统一性的气的表现形式：

> 生也死之徒，死也生之始，孰知其纪！人之生，气之聚也。聚则为生，散则为死。若死生为徒，吾又何患！故万物一也。是其所美者为神奇，其所恶者为臭腐。臭腐复化为神奇，神奇复化为臭腐。故曰：“通天下一气耳。”圣人故贵一。（《庄子·知北游》）

由于生死都是根源于气，都是气的表现，所以二者又可以说是一种假借的产物，庄子说：“生者，假借也。假之而生生者，尘垢也。死生为昼夜”（《庄子·至乐》）。“假于异物，托于同体”（《庄子·大宗师》）。

生死统一于气，而气的根本特性就是不断地“物化”，不断地从一种物质形态转为另一种物质形态。因而从物化的常变性和无恒定性来说，生死也是统一的，并没有固定的界限：

> 人生天地之间，若白驹之过郤，忽然而已。注然勃然，莫不出焉；油然漻然，莫不入焉。已化而生，又化而死。生物哀之，人类悲之。解其天弢，堕其天袠。纷乎宛乎，魂魄将往，乃身从之。乃大归乎！（《庄子·知北游》）

方生方死，方死方生。（《庄子·齐物论》）

《庄子·齐物论》中的“庄周梦蝶”故事是很有名的，这是说庄子与蝴蝶，虽有分，但在无限的大化之中，时而庄周梦为蝴蝶，时而蝴蝶梦为庄周，或者说，时而庄周化为蝴蝶，时而蝴蝶化为庄周，不能从根本上区分究竟是庄周梦为蝴蝶，还是蝴蝶梦为庄周，这就是“物化”。物化未始未终，人生生死死，无头无尾。生于彼，死于此；死于彼，生于此，何必乐生而恶死。人来到世间，并没有必然的理由，是偶然被“抛出”的，没有经过他的同意而来，也不经过他的许可而去，在大化之中有人无人，都无关紧要。如果人想彰显自己，彰显他的优先性，他就是大化中的不祥之物。相反，如果他与造化为一，任其自我的生生死死、来来往往，他就无所不可，无往不适，达到了彻底的超越：

夫大块载我以形，劳我以生，佚我以老，息我以死。故善吾生者，乃所以善吾死也。今大冶铸金，金踊跃曰：“我且必为镆铘！”大冶必以为不祥之金。今一犯人之形而曰：“人耳！人耳！”夫造化者必以为不祥之人。今一以天地为大炉，以造化为大冶，恶乎往而不可哉！（《庄子·大宗师》）

若化为物，以待其所不知之化已乎。（同上）

同则无好也，化则无常也。（同上）

人的生死，都是自然之气的产物，都是“物化”的形式，从它对人是不可改变的力量和必然性来说，它是“生命”。庄子说：“死生，命也。其有夜旦之常，天也。人之有所不得与，皆物之情也”（同上）。“死生存亡、穷达贫富、贤与不肖、毁誉、饥渴、寒暑，是事之变、命之行也”（《庄子·德充符》）。在庄子看来，对人而言，唯一的选择就是接受命的安排，“无以人灭天，无以故灭命”（《庄子·秋水》）。“知其不可奈何而安之若命，德之至也”（《庄子·人间世》）。他不是摆脱命的束缚，恰恰是顺应命的限制，他才是自由的。所谓“逍遥”也就是安之若命的“逍遥”，引之于生死，就是死生无变于已，安时而处顺，庄子说：“死生亦大矣，而不得与之变；虽天地覆坠，亦将不与之遗；审乎无假而不与物迁，命物之化而守其宗也”（《庄子·德充符》）。照庄子的说法，人之生皆因自然而生，不可有益生之情，只能听之自然。他与惠子有一段对话：“惠子谓庄子曰：‘人故无情乎？’庄子曰：‘然。’惠子曰：‘人而无情，何以谓之人？’庄子曰：‘道与之貌，天与之形，恶得不谓之人？’惠子曰：‘既谓之人，恶得无情？’庄子曰：‘是非吾所谓情也。吾所谓无情者，言人之不以好恶内伤其身，常因自然而不益生也。’惠子曰：‘不益生，何以有其身！’庄子曰：‘道与之貌，天与之形，无以好恶内伤其身。’”（同上）这是对生采取的完全自然主义的态度。照庄子的说法，自己的一切都来自自然，不仅自己的身体是自然的产物，就是子孙后代也是自然的结果，因此，要把自己的一切都交给自然，跟随自然而化，不计较利害得失，“舜问乎丞曰：‘道可得而有乎？’曰：‘汝身非汝有也，汝何得有夫道！’舜曰：‘吾身非吾有也，孰有之哉？’曰：‘是天地之委形也。生非汝有，是天地之委和也；性命非汝有，是天地之委顺也；孙子非汝有，是天地之委蜕也。故行不知所往，处不知所持，食不知所味。天地之强阳气也，又胡可得而有邪！’”（《庄子·知北游》）

在庄子那里，理想的人格都是“齐生死为一”、“不知乐生，不知恶死”的“真人”“神人”，庄子说：“古之真人，不知说生，不知恶死”（《庄子·大宗师》）。“彼以生为附赘县疣，以死为决疣溃痈。夫若然者，又恶知死生先后之所在”（同上）。庄子也描绘出不少以齐生死为理想的交友方式：“子祀、子舆、子犁、子来四人相与语曰：‘孰能以无为首、以生为脊、以死为尻，孰知死生存亡之一体者，吾与之友矣！’四人相视而笑，莫逆于心，遂相与为友”（同上）；“子桑户、孟子反、子琴张三人相与友，曰：‘孰能相与于无相与，相为于无相为？孰能登天游雾，挠挑无极，相忘以生，无所终穷？’三人相视而笑，莫逆于心，遂相与为友”（同上）。这些人都已超越了生死的分别，当疾病和死亡向他们降临的时候，他们不是悲哀忧愁，不是安慰祈祷，而是欢欣鼓舞，热烈拥护自然造化，生怕打断物化的过程。子来有病，气喘不止，将要死去，他的妻子围着他，痛苦万分，而子来的朋友子犁来访问，见到这种情景，就说：“去，不要惊恐于生死的变化。”并靠着门感叹说：“多么伟大呀！造化。”子桑户死，未葬，孔子听说了，就派子贡来帮助料理丧事。子贡来一看，却是这样的场面，其中一人编词作曲，另一人鼓琴，两人共同歌唱道：“好啊！桑户；好呀！桑户。你已返璞归真，而我们却尚且为人。”子贡急忙劝阻说：“请问，临尸而歌？是礼吗？”两人相视而笑说：“你知道什么是礼！”

齐生死为一是庄子的理想，也是他的实践。他的妻子死去的时候，惠子前来吊丧，庄子席地而坐，两腿伸直岔开，敲着盆唱歌。惠子就说：“你的妻子同你一起生活，生儿育女，以至到老，现在妻子死了，不哭已经不合情理，反而敲着盆唱歌，这难道不过分吗?”但是庄子却回答说：“不对。她刚死时，我怎能没有感慨。但仔细考察，她曾经没有性命，就知道本来已无所谓生，不仅本来无生，而且本来无形；不仅本来无形，而且本来无气。只是宇宙在混杂恍惚之间，产生出了气，气变出了形，形又变出了气。现在生变成死，这种变化就如同四季的运行一样。而我要是为之哭泣，这就是不懂得命，所以就不哭了。”

死不仅不是悲，反而是乐，知道了死是乐，谁也不会再去追求生命的存在。髑髅托梦给庄子，说庄子仍有“生人之累”，如果死一切就都解脱了，并问庄子想不想听关于死的说法，庄子说：“可以”。髑髅就说：“死去，无君于上，无臣于下，也无四时之事，无拘无束地随天地自然变化过日子，即便有南面之乐，也不超过此。”庄子不信，说：“我使主管生命的神恢复你的生命，使你像从前那样，有父母、妻子、邻居、知识，你希望吗?”髑髅忧愁地说：“我怎能舍去死的快乐而再去从事人间事务呢?”

庄子这种齐生死为一的观念，对惧怕死亡的人来说，实在是一种好的精神营养。他使人明白，死并不可怕，在死那里，有一种彻底解脱的快乐（永远的休息。而生并不总是美妙的，它有时不得不去面对一种它无法承载的痛苦）。在西方，我们也能看到庄子这种不为死而忧的思想。伊壁鸠鲁说：“你要习惯于相信死亡是一件和我们毫不相干的事，因为一切善恶吉凶都在感觉中，而死亡不过是感觉的丧失。因为这个缘故，正确地认识到死亡与我们无干，便使我们对于人生有死这件事愉快起来，这种认识并不是给人生增加上无尽的时间，而是把我们从对于不死的渴望中解放了出来。……所以一切恶中最可怕的——死亡——对于我们是无足轻重的，因为当我们存在时，死亡对于我们还没有来，而当死亡时，我们已经不存在了”（周辅成编：《西方伦理学名著选辑》上卷，商务印书馆，1964，第102页）。伊壁鸠鲁思想的继承者卢克莱修，在《物性论》中提供了坦然面对死亡的智慧：

> 对于我们死不算一回事，
> 和我们也毫无半点关系，
> 既然心灵的本性是不免于死。
> …………
> 我们是在灵魂和身体的结合中活着，
> 借这种联婚我们才被造成一个人。
> 而，即使时间在我们死后，
> 再次收集起我们肢体的物体，
> 把它全部再安排成现在这个样子，
> 并且生命的光再一次被给予了我们，
> 这个过程也与我们没有半点关系，
> 当我们的自我连续的记忆已被割断。
> 现在的和在这里的我们，
> 很少关心到那些自己，那些以前的我们；
> 也不为他们而遭受痛苦的折磨。
> 因为如果你越过时间的所有的昨天，
> 越过那无限的时间向后回顾，

并想想有过如何繁多的物质的运动，
那么，你就很可能也承认这点：
不止一次地这些构成今天的我们的种子，
从前也曾被安排在同样的秩序里，
像它们今天被安排的情形一样；
但我们却不能在心灵的记忆中记起这点，
因为这之间已经有过一次生命的中断，
并且所有的运动已离开感觉远远走散。
…………
所以应该承认死不值得我们害怕，
对于那不再存在的人痛苦也全不存在，
正如他从来就未曾被生出来一样，
当不朽的死神取去有死的生命之后。

（周辅成编：《西方伦理学名著选辑》上卷，第 119－121 页）

但是，齐生死为一并不意味着让人轻生，实际上，在教导人们排除对死亡的恐惧感的同时，庄子也表现出了对个体生命的高度重视。一般来说，儒家是注重社会及其道德理想的价值，而道家是重视个体的生命价值。看上去，庄子完全是个以宇宙为中心的自然主义者，并不认为人是天下最贵者，如说："吾在天地之间，犹小石小木之在大山也……号物之数谓之万，人处一焉；人卒九州，谷食之所生，舟车之所通，人处一焉。此其比万物也，不似毫末之在于马体乎？"（《庄子·秋水》）在此，庄子强调的是，人与万物一样，都是宇宙中的存在者，它与万物是一体的，但是，从与万物在宇宙中都有自己的分位来看，如果不轻视万物的存在，当然也不能轻视人的生命。正是由此出发，庄子又把人的生命价值突显了出来。在他看来，儒家把仁义道德观念看得高于个体的生命，是一种异化，它使人们残生伤性、追逐仁义而遗忘了本己的生命。他说：

> 夫小惑易方，大惑易性，何以知其然邪？自虞氏招仁义以挠天下也，天下莫不奔命于仁义。是非以仁义易其性与？
>
> 故尝试论之：自三代以下者，天下莫不以物易其性矣！小人则以身殉利，士则以身殉名，大夫则以身殉家，圣人则以身殉天下。故此数子者，事业不同，名声异号，其于伤性以身为殉，一也。……伯夷死名于首阳之下，盗跖死利于东陵之上。二人者，所死不同，其于残生伤性均也。（《庄子·骈拇》）

照庄子的说法，儒家的仁义焦苦着人生，使人丧失了生命的乐感，而人为物役的境况，同样取消了生命的崇高性和至上性。“一受其成形，不亡以待尽。与物相刃相靡，其行尽如驰，而莫之能止，不亦悲乎！终身役役而不见其成功，苶然疲役而不知其所归，可不哀邪！”（《庄子·齐物论》）“丧己于物”（《庄子·缮性》）。“危身弃生以殉物”（《庄子·让王》）。

面对外在性对人的生命的剥夺，庄子深感必须拯救生命。但是，在纷乱的社会中，保身养生并不容易，因为很难完全超越人所处的社会境况，所以只好在社会的夹缝中求得生存，庄子的智慧是：“为善无近名，为恶无近刑，缘督以为经，可以保身，可以全生，可以养亲，可以尽年”（《庄子·养生主》）。人们往往把庄子的这个说法称为“滑头主义”，但如果仔细想一下，一旦社会中出现了强大的异化，而自我又超越不了它，在此时要保持生命该怎么办呢？不是需要圆滑些吗？由此，我们也同样可以理解庄子所说的“处乎材与不材之间”（《庄子·山木》）。当然，庄子认为这并不十分保险，“材与不材之间，似之而非也，故未免乎累”（同上）。因此，最好的办法仍是力求超越，与道合而为一：“若夫乘道德而浮游则不然，无誉无訾，一龙一蛇，与时俱化，而无肯专为。一上一下，以和为量，浮游乎万物之祖。物物而不物于物，则胡可得而累邪！”（同上）庄子所说的“物物而不物于物”，根本用意在于不抛弃“物”，又不为外物所支配，即在“物”面前，确立起人的主体性和自由性。没有物不是福，生命的维持需要物，《庄子·大宗师》记载子桑生活穷困的情景说，他寻求其中的原因，最后把它归之为命：“吾思夫使我至此极者，而弗得也。父母岂欲吾贫哉？天无私覆，地无私载，天地岂私贫我哉？求其为之者而不得也！然而至此极者，命也夫。”庄子一生也很贫困，食物不足，他说自己不逢时：“庄子衣大布而补之，正緳系履而过魏王。魏王曰：‘何先生之惫邪？’庄子曰：‘贫也，非惫也。士有道德不能行，惫也；衣弊履穿，贫也，非惫也，此所谓非遭时也”（《庄子·山木》）。但是，在物质生活与精神自由之间，庄子更重视精神自由，他说：“悲夫！世之人以为养形足以存生，而养形果不足以存生，则世奚足为哉！”（《庄子·达生》）又说：“轩冕在身，非性命也。物之傥来，寄者也”（《庄子·缮性》）。在他看来，有比养形更重要的东西，这就是养神，即保持精神生命不受损害，保持自由独立的人格。楚王以重金高位请庄子为仕，被庄子拒绝，就是由此之故，《庄子·秋水》记载说：“庄子钓于濮水。楚王使大夫二人往先焉，曰：‘愿以境内累矣！’庄子持竿不顾，曰：‘吾闻楚有神龟，死已三千岁矣。王巾笥而藏之庙堂之上。此龟者，宁其死为留骨而贵乎？宁其生而曳尾于涂中乎？’二大夫曰：‘宁生而曳尾涂中。’庄子曰：‘往矣！吾将曳尾于涂中。”《史记·老庄韩非列传》亦记载说：“楚威王闻庄周贤，使使厚币迎之，许以为相。庄周笑谓楚使者曰：‘千金，重利；卿相，尊位也。子独不见郊祭之牺牛乎？养食之数岁，衣以文绣，以入大庙。当是之时，虽欲为孤豚，岂可得乎？子亟去，无污我。我宁游戏污渎之中自快，无为有国者所羁，终身不仕，以快吾志焉。”庄子实践了他的精神独立自由理想，这是他留下的最宝贵的精神遗产。

谈了老庄的生死论之后，在此亦附带把《吕氏春秋》中的生死观讨论一下。一般认为，《吕氏春秋》所体现的思想是杂家，即包含了诸家之说，缺乏“一以贯之”的主旨。但亦有人认为它有明显的倾向性，对各家学说有不同的态度，在取舍上也有自己的原则。总的说来，它的主导思想是儒家（参见李泽厚等主编：《中国美学史》第1卷，中国社会科学出版社，1984，第411页）。但就它的生死观而论，《吕氏春秋》却有更浓厚的道家思想色彩，因为它强调“重生”“全生”“养生”，把形体生命放在优先考虑的位置上，在它看来，贵为天子，富有天下，也比不上自己生命的重要，生命是唯一的，一旦失去永远不可复得。因而不能用生命去交换这些外在之物。《吕氏春秋·重己》说：“今吾生之为我有，而利我亦大矣。论其贵贱，爵为天子，不足以比焉；论其轻重，富有天下，不可以易之；论其安危，一曙失之，终身不复得。此三者，有道者之所慎也。”这一说法与《庄子·在宥》中的“贵以身于为天下”，“爱以身于为天下”的思想是一致的，庄子明确反对“以身殉物”，认为世俗之人追逐物利，遗忘了生命的最高价值，实在可悲：“今世俗之君子，多危身弃生以殉物，岂不悲哉！……今且有人于此，以随侯之珠弹千仞之雀，世必笑之。是何也？则其所用者重而所要者轻也。夫生者岂特随侯之重哉！”（《庄子·让王》）在《吕氏春秋》那里，物完全是从属于人的生命的，是服务于人的，是为人而存在的，人的生命是主体，“物也者，所以养性也，非所以性养也”（《吕氏春秋·本生》）。比如帽子是为了保护头，衣服是为了身体的需要，而不能“断首以易冠，杀身以易衣”（《吕氏春秋·审为》）。但一般人恰恰相反，本末倒置，不知轻重，不是以物养人，而是以人养物，人为物所役，为物所用，“今世之人惑者多以性养物，则不知轻重也”（《吕氏春秋·本生》）。由此之故，本来可长寿的生命，也就被过早地丧失掉了，“人之性寿，物者扣之，故不得寿”（同上）。与天下国家的关系一样，个体生命是本，天下国家则是为了生命之本，政治的目的、功能就是通过组织性使个体的生命得到保护和发展，《吕氏春秋·本生》说：“始生之者，天也；养成之者，人也。能养天之所生而勿撄之谓之天子。天子之动也，以全天为故者也。此官之所自立也。立官者以全生也。”这显然是个体生命本位主义。但是，在现实中，政治异化为压迫个体生命的凶手，天下成了一人或官吏们的天下，个体的生命在统治者那里成了“草芥”，他们总是能找到冠冕堂皇的理由来扼杀个体，或目之为“逆端”“图谋不轨”，或目之为“自由化”。政治异化为个体生命的对立面，失去了它的本来目的，《吕氏春秋·本生》又说：“今世之惑主，多官而反以害生，则失所为立之矣。”

为了达到“贵生”“重己”的目的，《吕氏春秋》主张全生和养生。它把生分为三个等级，认为“全生”是最圆满和理想的生，其次为“亏生”“死”，最后为“迫生”。什么是“全生”“亏生”“死”“迫生”呢？《吕氏春秋·贵生》解释说：“所谓尊生者，全生之谓。所谓全生者，六欲皆得其宜也。所谓亏生者，六欲分得其宜也。亏生则于尊之者薄矣。其亏弥甚者也，其尊弥薄。所谓死者，无有所以知，复其未生也。所谓迫生者，六欲莫得其宜也，皆获其所甚恶者，服是也，辱是也。辱莫大于不义，故不义，迫生也。”一般来说，死是人所恶之最，生的尽管不好，但仍想生，俗话说“好死不如赖活着”，但照这里的解释，“迫生”连“死”都不如，是最低等级的生。《吕氏春秋·贵生》说：“迫生不若死。奚以知其然也？耳闻所恶，不若无闻；目见所恶，不若无见。……凡六欲者，皆知其所甚恶，而必不得免，不若无有所以知，无有所以知者，死之谓也，故迫生不若死。”这就是说，“迫生”的人，按照欲望，遇到的东西都是自己“厌恶”的，而且越是讨厌，越逃避不了。如“避苦就乐”是人的欲望，但处在“迫生”境况中，却不能“避苦”，处处是苦，没有快乐可言，因此，这种生还不如死痛快，死了，痛苦也就永远无法纠缠自己了。

既然全生是生的理想，那么养生就要朝着全生的方向而努力。

照《吕氏春秋》的说法，人生而有欲，这是人所相同的地方，《吕氏春秋·情欲》说："天生人而使有贪有欲。欲有情……故耳之欲五声，目之欲五色，口之欲五味，情也。此三者，贵贱愚智贤不肖欲之若一，虽神农、黄帝其与桀、纣同。"但是，对于这些欲望不能纵之。"全生"的意义是"六欲皆得宜也"，即人的欲望都得到恰到好处的满足。如前所述，《吕氏春秋》把生放在第一位，强调物是为人，人支配物，但并不是说人可以随心所欲地"享有物"，无穷地占有物，毫无限制地用物来刺激和膨胀自己的欲望。因为如果这样，生也将受损害，达不到全生的目的。禁欲也一样。所以，《吕氏春秋》所讲"养生"的根本，既不是"纵欲"，也不是"禁欲"或"清心寡欲"，而是在二者之间的"适欲"或"节欲"，即使各种欲望得到合理的、适当的、有利于生命持续的满足：

> 夫耳目鼻口，生之役也。耳虽欲声，目虽欲色，鼻虽欲芬香，口虽欲滋味，害于生则止。……由此观之，耳目鼻口，不得擅行，必有所制。……此贵生之术也。（《吕氏春秋·贵生》）
>
> 今有声于此，耳听之必慊，已听之则使人聋，必弗听。有色于此，目视之必慊，已视之则使人盲，必弗视。有味于此，口食之必慊，已食之则使人瘖，必弗食。是故圣人之于声色滋味也，利于性则取之，害于性则舍之，此全性之道也。（《吕氏春秋·本生》）
>
> 世之人主贵人，无贤不肖，莫不欲长生久视，而日逆其生，欲之何益？凡生之长也，顺之也。使生不顺者，欲也。故圣人必先适欲。（《吕氏春秋·重己》）

“适欲”就是使欲望的满足适合感官的承受能力。这些能力是先天赋予的，不是人为所能改变的。如果强迫它们接受它们能力之外的东西，就会缩短它们的生命力：“秋早寒则冬必暖矣，春多雨则夏必旱矣，天地不能两，而况于人类乎？人与天地也同，万物之形虽异，其情一体也”（《吕氏春秋·情欲》）。只有这样，生命力才能不过早地枯竭，“古人得道者，生以寿长，声色滋味，能久乐之，奚故？论早定也。论早定则知早啬，知早啬则情不竭”（同上）。所谓“论早定”，是说体道者对于节欲长生早有定论。所谓“早啬”，即趁早爱惜自己的生命力，不要浪费它。由此出发，《吕氏春秋》提出了“富贵不如贫贱”的惊人之论。因为富贵为纵欲，即过度使用生命的器官提供了条件，如果不能控制欲望，就会不断损失生命。《吕氏春秋·本生》说：“贵富而不知道，适足以为患，不如贫贱。贫贱之致物也难，虽欲过之奚由？……故古之人有不肯贵富者矣，由重生故也，非夸以名也，为其实也。”

但是，不管如何养生，以求达到“长生”，生最终是要完结的，是要为死所取代的。《吕氏春秋》主张“养生”“全生”，但它承认死是不可超越的，它深知死这一自然规律不可抵抗。它不追求生的“永恒性”和“不死”理想，因而《吕氏春秋》的养生就与道教的“长生不死”理想有了很大的不同。《吕氏春秋·节丧》说：“凡生于天地之间，其必有死，所不免也。”圣人境界的高超性就在于不仅知生养生，而且知死安死。《吕氏春秋·节丧》又说：“审知生，圣人之要也；审知死，圣人之极也。知生也者，不以害生，养生之谓也；知死也者，不以害死，安死之谓也。此二者，圣人之所独决也。”

对待生是养，而处置死则是葬。但《吕氏春秋》不主张“厚葬”，而主张“节葬”，与墨家的观点相似。《吕氏春秋·节葬》说：“孝子之重其亲也，慈亲之爱其子也，痛于肌骨，性也。所重所爱，死而弃之沟壑，人之情不忍为也，故有葬死之义。”葬是为死者考虑的，其目的是使死者“安死”，如何达到这个目的呢？最好的办法是“节葬”，因为“节葬”，墓地无利可图，人们就不会再去掘墓，死者就会永远安息于九泉之下。《吕氏春秋·节葬》说：“葬也者，藏也，慈亲孝子之所慎也。慎之者，以生人之心虑。以生人之心为死者虑也，莫如无动，莫如无发。无发无动，莫如无有可利，则此之谓重闭。”《吕氏春秋·安死》亦说：“先王之所恶，惟死者之辱也。发则必辱，俭则不发，故先王之葬必俭、必合、必同。”由此来说，《吕氏春秋》主张“节葬”，其目的又与墨家不同，前者是为死者考虑的，而后者则是为生者考虑的。

三、墨家——“以自苦为极”

墨家的生死观以墨子的思想为代表。说起来，墨子对生死的本性基本上没有什么论述，但在墨子身上所体现的精神，却向我们提供了一种生死态度。墨子及其信徒，带有强烈的侠义精神，以拯救“天下”和“民众”为自己的使命，正如孟子所说：“摩顶放踵利天下，为之”（《孟子·尽心上》）。他们具有“博爱”的人道主义胸怀，试图通过自己的行为，发展出普遍的人类之爱。在他们的生活中，没有快乐，只有勤奋和艰苦，传说墨子及其信徒都能赴汤蹈火，“以自苦为极”，“腓无胈，胫无毛”（《庄子·天下》）。而且，为了拯救民生，为了社会群体的共同的善，他们把生命置之度外，甘愿“赴火蹈刃，死不还踵”（《淮南子·泰族训》），清代汪中亦称誉墨子“勤生薄死而务国家之事”。后期墨家发展了墨子的自我牺牲精神，《墨子·大取》说：“杀一人以存天下，非杀一人以利天下也。杀己以存天下，是杀己以利天下也。”即用自己的生命为社会造就福利，而不是自我逃避，让别人去献出生命。《墨子·经上》说：“任，士损己而益所为也。”《墨子·经说上》的解释是：“为身之所恶，以成人之所急。”这是纯粹的利他主义。“利他”的出发点是“爱他”“爱人”。墨子的“爱”是兼爱和泛爱，不是有差等的爱。既然是“兼爱”，那么爱别人同时也意味着爱自己。这就是肯定人人都是我的同胞，人人的生命都可贵。墨子的“非乐”思想，并不是认为“乐”本身不乐，而只是强调个别人，特别是统治者的“乐”造成了人民大众的不乐。如果人人都能乐，何乐而不为呢？问题是大家不能共同快乐，而少数人的乐则加剧了大众的不乐。

但是，墨子的理想和实践离现实太远了，他的“自苦”精神孤掌难鸣，《庄子·天下》评价说：“其生也勤，其死也薄，其道大觳，使人忧，使人悲，其行难为也。恐其不可以为圣人之道，反天下之心。天下不堪。墨子独能任，奈天下何！”不过，《庄子·天下》仍然肯定墨子精神的可贵性，“虽然，墨子真天下之好也，将求之不得也，虽枯槁不舍也，才士也夫！”

墨子的艰苦精神，不仅体现在生上，而且施之于死，其具体表现是他主张“节葬”。“节葬”是针对儒家的“厚葬”而发。在儒家的观念中，久丧厚葬是礼和孝的根本要求，否则即被讥为非礼和不孝。但是，久丧厚葬却严重影响活着的人的生活，轻的倾家荡产，重的把活着的人也折腾成半死，《墨子·公孟》说：“厚葬久丧：重为棺椁，多为衣衾，送死若徙，三年哭泣，扶后起，仗后行，耳无闻，目无见。”《墨子·节葬》说：久丧“使面目陷陬，颜色黧黑，耳目不聪明，手足不劲强，不可用也。……百姓冬不仞寒，夏不仞暑，作疾病死者，不可胜计也”。为了送葬死者，把活人都弄成了残废，甚至死去，这种丧礼实在太残酷了，特别是，为了显示富有，陪葬品除了金银财宝还嫌不够，还要杀人殉葬，这就更非人道了。墨子反对的正是儒家久丧厚葬观念的非人道性，他考虑的是活着的人，是活着的人的生命价值。死者当然也要考虑，但不能为了死者来折磨活人。因此，他主张“节葬”：“故衣食者，人之生利也，然且犹尚有节；葬埋者，人之死利也，夫何独无节于此乎！”怎样节葬呢？墨子制定了节葬的标准：“子墨子制为葬埋之法，曰：棺三寸，足以朽骨；衣三领，足以朽肉。掘地之深，下无菹漏，气无发泄于上，垄足以期其所，则止矣。哭往哭来，反，从事乎衣食之财，佴乎祭祀，以致孝于亲”（《墨子·节葬下》）。在墨子看来，这个节葬之法，对死者和生者都有利，“不失死生之利者”（同上）。

在墨子的哲学中，与生死有关的问题还表现在对“鬼”和“天志”的讨论上。墨子明确主张有“鬼”，在《墨子·明鬼》中，他主要从两个方面论证了“鬼”的存在。一是引用古圣王的言行来证明有“鬼”，二是用人们的所见所闻去证明有“鬼”，以此来批驳无鬼论的主张。但是，鬼究竟是什么呢？墨子并未详细说明。在他看来，鬼有不同的种类，《墨子·明鬼》说：“古之今之为鬼，非他也，有天鬼，亦有山水鬼神者，亦有人死而为鬼者。”据此可知，墨子肯定人有一个死后的世界，在这个世界，人作为鬼而存在。

墨子论证鬼的存在，目的不在于事实上的研究，而在于“鬼神”这一符号的文化功能，即它对现实之人的制约。在墨子看来，预设“鬼”的存在，有利无害。鬼能扬善抑恶，赏贤罚暴。鬼神有一种明察入微的能力，任何人只要作恶就无法逃脱。这显然是用一种非人为的力量来解决人类的问题。与此相关，墨子还肯定“天忘”。说起来，他对儒家“命”的观念深为不满，写了《非命》，否认命的存在，认为“有命论”并没有积极的功能：“执‘有命’者之言曰：‘命富则富，命贫则贫；命众则众，命寡则寡；命治则治，命乱则乱；命寿则寿，命夭则夭，命虽强劲，何益哉？”（《墨子·非命上》）在墨子看来，肯定“命”，就取消了人的主观能动性，同时为统治者的所作所为提供了辩护的根据，不管是穷奢极欲，还是残酷无道，他们都可以用“命中注定”来解释。因此，为了人民和国家的利益，就必须否认“命”的存在。墨子列举了古代一些例子，说人的成功在于自己的努力，不是由命决定的。王公大人努力处理政事，是因为他们知道“强必治，不强必乱；强必宁，不强必危”（《墨子·非命下》）。农民努力耕种，是因为他们知道“强必贵，不强必贱；强必荣，不强必辱”（同上）。如果一开始人们就相信命的存在，把一切都压在命上，就没有人努力了。命好的不用努力，命差的努力也没用。否认命的存在，墨子却又承认“天志”。“天志”虽不事先决定人的祸福成败，但具有赏罚的力量，它喜欢努力向上、积极为善者，并大加赏赐，相反，对无所作为甚至为恶者，它则加以责罚。在此，墨子对“天志”的引入，照样不是出于事实上的兴趣，而是出于功利上的考虑。

四、法家——“生尽之谓死”

法家的生死观以韩非的思想为代表。韩非通过对“老子”的解释，表达了自己的生死观念。韩非肯定，人有生就有死，生是人之始，死是人之终：“人始于生而卒于死。始之谓出，卒之谓入”（《韩非子·解老》）。韩非指出，人的身体有三百六十个关节，四肢和九窍是其中的重要部件。四肢和九窍加在一起总数为十三，它们的一动一静都是有生命力的。人死了，十三个器官也就失去了生命力。在韩非看来，生命本来就是活动，但活动过度，身体就会受到损害。这样，动而不止，就是损害不止；损害不止，生命就耗尽了；生命耗尽了，就叫作死：“凡之生生，而生者固动，动尽则损也；而动不止，是损而不止也。损而不止，则生尽；生尽之谓死”（同上）。

正是因为生命过分活动易于损生，所以韩非主张“贵静”，“是以圣人爱精神而贵处静”（同上）。在韩非看来，生命力是有限度的，不能过分地使用它。韩非说：“天地不能常侈常费，而况于人乎?”(《韩非子·解老》)又说:“聪明睿智,天也;动静思虑,人也。人也者,乘于天明以视,寄于天聪以听,托于天智以思虑。故视强,则目不明;听甚,则耳不聪;思虑过度,则智识乱”(同上)。因此,韩非与老子一样,强调静,以爱惜和节省生命的精力,“所谓‘事天’者,不极聪明之力,不尽智识之任。苟极尽,则费神多;费神多,则盲聋悖狂之祸至,是以啬之。啬之者,爱其精神,啬其智识也”(同上)。但是,一般的人,精神浮躁不安,浪费生命之源;圣人则不同,他精神安静,不浪费生命之源,服从养生的道理“啬”。

主张静以养神,也不是完全不活动,关键是活动要避开死亡的境地。照他的说法,危害生命的不只是野牛和老虎,万物皆能害生,但是人们只知道前者有爪角而忽视后者的爪角。何以见得呢?韩非说:“事上不忠,轻犯禁令,则刑法之爪角害之。处乡不节,憎爱无度,则争斗之爪角害之。嗜欲无限,动静不节,则痤疽之爪角害之。好用其私智而弃道理,则网罗之爪角害之”(同上)。由此来看,保存生命实在太难了,到处都是威胁生命的东西。但是,韩非认为,正如野牛和老虎都有自己的活动区域一样,万害都有它们的根源。如果避开野牛和老虎的活动区域,堵塞住祸害的根源,就可以免于各种祸害。如兵器和盔甲是防备祸害的,但重生的人,虽加入了作战行列,但却没有争斗的打算。这样,也就用不着兵器和盔甲了。圣人的处世方法,就是无害人之心。无害人之心,也就不会有人去害他。韩非指出,善摄生的人,都无死地。因为不用防备祸害,这是自然法则。体现了这一法则,就不会陷入死的境地。不会陷入死的境地，也就是得到了生命的根本，韩非说："夫能自全也而尽随于万物之理者，必且有天生。天生也者，生心也，故天下之道尽之生也"（《韩非子·解老》）。

韩非讲养生，除了主张"动静"循之以理之外，还强调精神的保养。在他看来，精神不为外在东西所制约，就能保全自身的内在本质，这也就是"德"，它是生的根本，"德也者，人之所以建生也"（同上）。所以，养生的过程，也可以说是不断积德的过程。在韩非看来，影响"积德"的因素在于"物欲"。只有摆脱了物欲，知足不贪，才能积德保生，"身以生为常，富贵其可也。不欲自害，则邦不亡，身不死"（《韩非子·喻老》）。

五、比较

通过以上对儒、道、墨、法生死观的考察，我们可以看出一些共同点和不同点。从共同点来说：第一，四家基本上都肯定了生命的有限性和死亡的不可超越性，即认为人有生就有死，生是人生的开始，死是人生的终结。第二，四家基本上都肯定了生命的价值，在肉体生命与精神生命二者之间，往往更为重视精神生命。第三，四家基本上都承认命或天这种外在力量对人生的限制。

从不同点来说：第一，道家及受道家影响的法家，都表现出试图超越生的有限性的倾向，都主张"重生"和"养生"，以求"长生久视"。而儒家和墨家则立足于现实的生命，不注重长生问题。

第二，道家比较注重个体和自我的地位，强调人的自然性和生命本身，而儒家则比较注重群体和社会，强调道德的价值。第三，儒、墨都主张丧礼和祭礼（虽然有厚葬和节葬的争论），重视人死后的世界，而道、法则不关心人死后的世界，几乎不谈丧礼和祭礼。第四，儒、墨基本上都承认鬼神的存在，而道、法则不讨论此问题，或者说不承认有鬼神世界。

第二章　两汉生死哲学

中国哲学发展到汉代出现了新的特点，即儒学获得了正统的地位（“独尊儒术”），以儒家经典为中心的经学成为一门显学。而先秦形成的其他有影响的学派，虽然也在以新的形式发展着，但已经失去了与儒家平起平坐、自由争鸣的地位。道、法在某种程度上与儒家合流，出现了“阳儒阴法”“阳儒阴道”的思想形式。与此相关，两汉的生死观，虽然在具体倾向上更接近于先秦某一学派，但整体上我们已不能严格地说它们纯粹属于哪一学派。因此，两汉的生死观，正如两汉哲学一样，是继先秦诸子生死观之后的又一发展阶段，是先秦诸子学派融合之后的结果。下面，我们就依据历史过程，对两汉影响较大的生死观做一讨论。

一、董仲舒——“寿有短长，养有得失”

董仲舒在汉代哲学中的显赫性是不言而喻的，正是他为汉代统治者提供并论证了“独尊儒术”这一持续了几千年的思想意识形态方针，而且他以天为中心，建构起了“天人感应”这一庞大的哲学体系。他的生死观，则是其中的一个方面。

在先秦，天与人的关系已被揭示了出来，并得到了一定的讨论。其所说的天，主要有两个方面的意义：一是指自然之天（或自然之性），在道家中较突出；二是指主宰之天或意志之天，以儒家为代表。董仲舒哲学中的天，不是自然之天，而是大大发展了儒家主宰之天，使之成为自然、社会和人的根源及最高支配者。照董仲舒的说法，人的生命来源于天，父母不能成为生命或人的根本，生命的根本是天，他说：“为生不能为人，为人者天也。人之人本于天，天亦人之曾祖父也”（《春秋繁露·为人者天》）。又说：“父者，子之天也；天者，父之天也。无天而生，未之有也。天者万物之祖，万物非天不生”（《春秋繁露·顺命》）。在董仲舒看来，人和天完全是统一的，“以类合之，天人一也”（《春秋繁露·阴阳义》）。天是什么样子，人也就是什么样子，天有什么，人有什么，人不折不扣是天的副本，从人的形体构造来说，“天地之符，阴阳之副，常设于身，身犹天也。……天以终岁之数，成人之身，故小节三百六十六，副日数也。大节十二分，副月数也。内有五藏，副五行数也。外有四肢，副四时数也。……于其可数也，副数；不可数者，副类。皆当同而副天，一也”（《春秋繁露·人副天数》）。不仅人体的构造来源于天，而且人的情感和意识也根据于天，与天同类，“人之形体，化天数而成；人之血气，化天志而仁；人之德行，化天理而义。人之好恶，化天之暖清；人之喜怒，化天之寒暑；人之受命，化天之四时。人生有喜、怒、哀、乐之答，春、秋、冬、夏之类也。……天之副在乎人。人之性情有由天者矣”（《春秋繁露·为人者天》）。一般来说，人是自然的一部分，人离不开自然而生存，人的情感和意识也会受到自然的影响，但把人完全说成天的副本，显然是一种比附。

人既然是天的产物，人的性自然亦不例外。董仲舒说：“身之名，取诸天。天两有阴阳之施，身亦两有贪仁之性”（《春秋繁露·深察名号》）。在董仲舒那里，性是指与生俱有的资质，“性之名非生与？如其生之自然之资谓之性。性者，质也”（同上）。人不仅有性，也有情，二者是对立的，“身之有性情也，若天之有阴阳也。言人之质而无其情，犹言天之阳而无其阴也”（同上）。但董仲舒认为性情又是统一的，“天地之所生，谓之性情。性情相与为一瞑，情亦性也”（同上）。

性作为生之质，有恶质，如“贪”；有善质，如“仁”。但不能说人性本来已善或本来已恶。因为善质不等于善本身，它只是为善的潜在可能性，说善质即是善，就是把善的可能性视为善的现实性，董仲舒说：“善如米，性如禾。禾虽出米，而禾未可谓米也。性虽出善，而性未可谓善也”（《春秋繁露·实性》）。又说：“性有似目，目卧幽而瞑，待觉而后见。当其未觉，可谓有见质，而不可谓见。今万民之性，有其质而未能觉，譬如瞑者待觉，教之然后善。当其未觉，可谓有善质，而不可谓善，与目之瞑而不觉，一概之比也”（《春秋繁露·深察名号》）。由此来看，董仲舒的人性论，既不同于孟子的“性善论”，亦有别于荀子的“性恶论”。

但值得注意的是，董仲舒所说的“性”（善质）只为部分人所拥有，只是部分人的规定性。他把人性分为三个等级：“圣人之性”“中民之性”“斗筲之性”。“圣人之性”已善，“斗筲之性”不具善质，具有“善质”的只是“中民之性”，“名性，不以上，不以下，以其中名之”（同上）。这样，董仲舒就打破了他的人性学说的一贯性。

人虽来自天，但要保持长寿，则需要养生。在董仲舒看来，人从天那里得到了寿命长短的资质，“短长之质，人之所由受于天也”（《春秋繁露·循天之道》）。但人是寿是夭，则取决于养之得失，“寿有短长，养有得失。……天下之人虽众，不得不各雠其所生，而寿夭于其所自行”（同上）。这也就是说，人一生到底是寿是夭，主要取决于他一生的所作所为如何，“自行可久之道者，其寿雠于久；自行不可久之道者，其寿亦雠于不久”（同上）。如果得到的生命资质是寿，却不好好保养，而伤害它，寿命就会缩短；反之，如果得到的生命资质是夭，但能够好好保养生命，寿命就会延长。当然，董仲舒也指出，行为的好坏与人们寿命的长短有时不相对应，这是命在起作用，但不能由此而轻视人的行为对人的寿命的根本影响，他说：“其自行佚而寿长者，命益之也；其自行端而寿短者，命损之也。以天命之所损益，疑人之所得失，此大惑也”（《春秋繁露·循天之道》）。因此，为了获得生命的长久性，就必须养生。首先，养生在于遵循作为天道的“中”和德之根本的“私”，“能以中和养其身者，其寿极命”（同上）。其次，养生在于养气。人一般只注重衣食，而不注重天“气”，但对于人的生命来说，天之气比衣食更重要。因为衣食用尽了，还可以补充，但气一旦中断，人的生命也就立即终结，所以养生重在养气，“天气之于人，重于衣食。衣食尽，尚犹有闲，气尽而立终。故养生之大者，乃在爱气”（同上）。由于气出于神，神出于意，因而要养气，则要平意，“君子闲欲止恶以平意，平意以静神，静神以养气，气多而治，则养身之大者得矣”（同上）。最后，董仲舒把养生分为养形体和养心灵两个方面，养形体的是利，养心灵的是义，他说：“天之生人也，使人生义与利。利以养其体，义以养其心。心不得义不能乐，体不得利不能安。义者心之养也，利者体之养也”（《春秋繁露·身之养莫重于义》）。但是，心灵重于形体，所以心灵的保养优先于形体的保养。如何知道这一点呢？董仲舒说：“今人大有义而甚无利，虽贫与贱，尚荣其行，以自好而乐生……人甚有利而大无义，虽甚富，则羞辱大恶。恶深，祸患重，非立死其罪者，即旋伤殃忧尔，莫能以乐生而终其身，刑戮夭折之民是也。夫人有义者，虽贫能自乐也。而大无义者，虽富莫能自存。吾以此实义之养生人，大于利而厚于财也”（同上）。董仲舒把义看得重于利，强调人的道德培养高于形体的保护，这与孔孟的人生价值理想有相似之处。

二、《淮南子》——“死生无变于己”

《淮南鸿烈》，又简称《淮南子》，是在汉代皇室贵族淮南王刘安的主持下集体编写的一部著作，《汉书·艺文志》把此书列入杂家类，大概是由于此书出于众人之手，儒道合流。但此书的主旨则与道家思想相近，“其旨近老子淡泊无为，蹈虚守静，出入经道”（高诱《叙目》）。具体到生死观就更是如此。它一方面承继了庄子齐生死、超越生死的观念，另一方面又接续了老庄养生保真的思想（当然，在形神观上，它有所发展）。《淮南子·要略》在介绍此书篇目的主要内容时，所谈到的《原道》《俶真》《精神》，其中心都是讨论生死问题：

> 《原道》者，……欲一言而寤，则尊天而保真；欲再言而通，则贱物而贵身；欲参言而究，则外物而反情。
>
> 《俶真》者，穷逐终始之化，嬴坪有无之精，离别万物之变，合同死生之形，使人遗物反己。
>
> 《精神》者，所以原本人之所由生，而晓寤其形骸九窍，取象与天，合同其血气，与雷霆风雨比类其喜怒，与昼宵寒暑并明，审死生之分，别同异之迹，节动静之机，以反其性命之宗。所以使人爱养其精神，抚静其魂魄，不以物易己，而坚守虚无之宅者也。

在《淮南子》看来，世界是从无到有（从无形到有形），人也如此，（“人生于无，形于有”），人的生命来源于天地自然之气。其中人的精神受命于天之轻、清的阳气，而形体则禀于地之重、浊的阴气，精神和形体回到它们原来的地方，人的生命也就不存在了。《淮南子·精神训》说：“古未有天地之时，惟像无形，窈窈冥冥，芒芠漠闵，澒濛鸿洞，莫知其门。有二神混生，经天营地，孔乎莫知其所终极，滔乎莫知其所止息。于是乃别为阴阳，离为八极。刚柔相成，万物乃形。烦气为虫，精气为人。是故精神，天之有也；而骨骸者，地之有也。精神入其门，而骨骸反其根，我尚何存？……夫精神者，所受于天也；而形体者，所禀于地也。”进一步，《淮南子》与董仲舒一样，也把人的形体构造和生命现象同自然现象做了比附，认为它们与天地自然同类并相互感应。当然，《淮南子》所说的天只是自然之天，不是董仲舒心目中的“意志之天”或绝对支配者。

人主要由形体和精神两个方面组成，再加上气，就构成了生命的活动过程，三者各有其分位和职责，有机地成为生命的整体，其一有所失位，就会损伤其他，《淮南子·原道训》说：“夫形者，生之舍也；气者，生之充也；神者，生之制也。一失位，则三者伤矣。”但《淮南子》讨论得更多的是形神的关系。在二者的关系上，它强调精神对于形体的优先性和制导性，“以神为主者，形从而利；以形为制者，神从而害”（《淮南子·原道训》）。“神贵于形也，故神制则形从，形胜则神穷”（《淮南子·诠言训》）。神比形重要，因而养生重在养神。《淮南子》继承了老子以“静”为本的养生法，强调精神的平衡、安静，去掉好恶爱憎之心，不喜不怒，同时摆脱各种嗜欲的制约，以恬淡虚无为怀，《淮南子·原道训》说："夫任耳目以听视者，劳形而不明；以知虑为治者，苦心而无功。是故圣人一度循轨；不变其宜，不易其常，故准循绳，曲因其当。夫喜怒者，道之邪也；忧悲者，德之失也；好憎者，心之过也；嗜欲者，性之累也。人大怒破阴，大喜坠阳。……故心不忧乐，德之至也；通而不变，静之至也；嗜欲不载，虚之至也；无所好憎，平之至也。"这与老庄一样，是要活生生的人变得犹如死寂一般，即庄子"心如死灰，形如枯槁"。如果说，要人保持一种平和心态，适当地限制自我感情的大起大落，避免走极端，以有利于精神是对的，那么，反过来试图把具有感情、具有欲望的人，变成无感情、无欲望者，过分地收敛自己，把自己的性情虚无化，使之得不到宣泄和满足，这不但不利于生，反而有害于生。

《淮南子》主张养生，但并不信仰人能长生不死。它肯定人的生命的有限性，肯定人最终要同死照面，认为人死去后，精神归于天，形体归于地，它说："生寄也，死归也"（《淮南子·精神训》）。这是汉武之世生死观的一个共同看法，司马迁、杨王孙和扬雄、桓谭都是如此。如司马迁说："凡人所生者神也，所托者形也。神大用则竭，形大劳则敝，形神离则死。死者不可复生，离者不可复合"（《史记·太史公自序》）。杨王孙也说："且夫死者，终生之化，而物之归者也。归者得至，化者得变，是物各反其真也。反真冥冥，亡形亡声，乃合道情。……且吾闻之，精神者，天之有也；形骸者，地之有也。精神离形，各归其真，故谓之鬼，鬼之为言归也"（《汉书·杨王孙传》）。

但是，《淮南子》在死亡观上似乎不够彻底和一贯，它认为精神是不死不化的："形有摩（即灭）而神未尝化者，以不化应化，千变万抮，而未始有极。化者，复归于无形也；不化者，与天地俱生也"（《淮南子·精神训》）。这是试图追求精神超越性的表现。《淮南子》是重生的，以事生为本，"凡人之所以事生者，本也，其所以事死者，末也"（《淮南子·泰族训》）。它把生命看得高于一切，主张生命不能用任何东西来交换，哪怕是天下国家。唯有生命是宝贵的，外物是为了生命而存在的（"物为人役"），不是生命为了外物（"人为物役"）。《淮南子·精神训》说："使之左据天下图而右手刎其喉，愚夫不为。由此观之，生尊于天下也。"《淮南子·要略》也强调"不以物易己"。

说起来，《淮南子》与《庄子》一样，齐生死为一，打破生死的界限，乐生乐死，生喜，死亦不畏惧，《淮南子·精神训》说："知宇宙之大，则不可劫以死生；……知未生之乐；则不可畏以死。"《淮南子》认为，人的生死完全是一种自然化的过程，在自然大化之中，生死也是无意识的过程，它没有功利主义的考虑，不是因为恩赐人而生人，亦不是因为苛刻人而降之以死；既非出于有利而生人，亦非出于无利而死人。自然不会倾听人的呼唤，不会与人的生死愿望共鸣。因而面对自然之生，面对自然之死，我们何不与之俱化，而乐死犹生呢？《淮南子·精神训》说："虽然，其生我也，将以何益？其杀我也，将以何损？夫造化者既以我为坯矣，将无所违之矣。吾安知夫刺灸而欲生者之非惑也？又安知夫绞经而求死者之非福也？或者生乃徭役也，而死乃休息也？天下茫茫，孰知之哉？其生我也，不强求已；其杀我也，不强求止。欲生而不事，憎死而不辞，贱之而弗憎，贵之而弗喜，随其天资而安之不极。吾生也有七尺之形，吾死也有一棺之土。吾生之比于有形之类，犹吾死之沦于无形之中也。然则吾生也，物不以益众；吾死也，土不以加厚。吾又安知所喜憎利害其间者乎！”这是对生死采取的自然主义态度。

但是，《淮南子》齐生死的旨趣仍归在重视生命上。既然死是不可逾越的，那么与其怕死，畏惧死，闷闷不乐，费心费神，不如忘掉死，不计较生，这样，精神就得到了超脱，达到了最高的境界，“魂魄处其宅，而精神守其根，死生无变于己，故曰至神”，“生不足以挂志，死不足以幽神，屈伸俯仰，抱命而婉转”（《淮南子·精神训》）。精神上达到超越生死的境界，同时也就使生命得到更充分的保持和发展。

三、扬雄和桓谭——“有生者必有死”

扬雄和桓谭的生死观都不复杂，但也有值得注意的地方。

扬雄明确提出了“有生者必有死”的命题，认为这是自然的规律，是有生命者都不可抗拒的，他说：“有生者必有死，有始者必有终，自然之道也”（《法言·君子》）。在扬雄看来，在自然中，事物的发展都是循环往复、始终交替的过程，生命也表现为生死相伴，生而复死，死而复生，“一判一合，天地备矣；天日回行，刚柔接矣；还复其所，终始定矣；一生一死，性命莹矣”，“死生相樛，万物乃缠”（《太玄·摛》）。基于死亡之必然性的观念，扬雄否定了庄子和《淮南子》齐生死的看法，《法言·君子》载：“或曰：‘人有齐死生，同贫富，等贵贱，何如？’曰：‘作此者其有惧乎？信死生齐，贫富同，贵贱等，则吾以圣人为嚣嚣。’”同时扬雄也否定了成仙的可能性。有人问是否有仙，扬雄通过古代圣人皆不免死的事实，指出不死是不可实现的。那些不管其他，只求长生不死的人，实际上已与死无异，《法言·君子》载：“或问：‘人言仙者，有诸乎？’‘吁！吾闻伏羲、神农殁，黄帝、尧、舜殂落而死。文王毕，孔子鲁城之北。独子爱其死乎？非人之所及也。仙亦无益子之汇矣。’或曰：‘圣人不师仙，厥术异也。圣人之于天下，耻一物之不知，仙人之于天下，耻一日之不生。’曰：‘生乎！生乎！名生而实死也。’或曰：‘世无仙，则焉得斯语？’曰：‘语乎者，非嚣嚣也与？惟嚣嚣能使无为有。’或问‘仙之实’，曰：‘无以为也。有与无，非问也。问也者，忠孝之问也。忠臣孝子，偟乎不偟？’”

与纯粹执着于生命的不死截然不同，扬雄追求道德理想价值，认为寿不在于形体生命的长久，而在于道德价值的实现，《法言·君子》载：“或问：‘龙、龟、鸿、鹄不亦寿乎？’曰：‘寿。’曰：‘人可寿乎？’曰：‘物以其性，人以其仁。’”“或问：‘寿可益乎？’曰：‘德。’曰：‘回、牛之行德矣，曷寿之不益也？’曰：‘德，故尔。如回之残，牛之贼也，焉得尔？’曰：‘残，贼或寿。’曰：‘彼妄也，君子不妄。’”在此，扬雄把寿同仁德联系在一起，这实际上是儒家三不朽（其中有“立德”）思想的延伸。儒家把仁德作为生命的根本，作为人的本质，强调人与动物的不同。扬雄也是这样，他认为人陷入生理欲望之中，就与动物没有什么差别了，他说："天下有三门，由于情欲，入自禽门；由于礼义，入自人门；由于独智，入自圣门"（《法言·修身》）。因此，人追求的应是礼义，而不是情欲，是道而不是利禄。他赞扬孟子"勇于义而果于德，不以贫富、贵贱、死生动其心"（《法言·渊骞》），认为圣人与众人的不同之处，在于重道还是重禄，"圣人重其道而轻其禄，众人重其禄而轻其道"（《法言·五百》）。当有人问求长生是否为好学时，他断然否定，《法言·学行》载："或曰：'人羡久生，将以学也，可谓好学已乎？'曰：'未之好之，学不羡。'"

桓谭是扬雄的好朋友，他们的生死观有相似之处，桓谭也认为长生不死是不可能的，人出生之后，经过成长，就走向衰老，最后是死，如同四时更替一样，他说："草木五谷，以阴阳气生于土，及其长大成实，实复入土，而后能生，犹人与禽兽昆虫，皆以雄雌交接相生。生之有长，长之有老，老之有死，若四时之代谢矣"（《新论·祛蔽》）。桓谭指出，人的生命的长短与良好的生存环境有关，具备了良好的生存环境，生命就会自然而然地经过各个阶段而死亡，否则，就会过早地告别人生，正是由于后者，造成了人们忧生惧死，他说："夫古昔平和之世，人物蒙美盛而生，皆坚强老寿，咸百年左右乃死，死时忽如卧出者；犹果物谷实，久老则自堕落矣。后世遭衰薄恶气，娶嫁又不时，勤苦过度，是以身生子皆俱伤，而筋骨血气不充强，故多凶短折，中年夭卒。其遇病或疾痛恻怛，然后终绝，故咨嗟憎恶，以死为大故"（《新论·形神》）。因此，桓谭承认，通过改善生存条件和适当养生能够延长人的生命，避免早逝，他说："爱养适用之，直差愈耳。譬犹衣履器物，爱之则完全乃久"，"维人身或有亏剥，剧能养慎善持，亦可以得度"（《新论·形神》）。但是，不管如何养生，以延长生命，人最终仍是要死的。自然不偏爱某一人，也不憎恨某一人，在死上人人平等。桓谭把人的形神比喻为烛火，"精神居形体，犹火之然烛矣"（同上），虽然善于扶持，使火不在中途而灭，但烛尽火则一定灭，同样，人的形体虽然好好保养，能使精神持续，但形体一定会枯竭，形体枯竭，精神亦随之消灭，而愚蠢的人却不知道这一道理，执着长生不死。桓谭批评说："今人之养性，或能使堕齿复生，白发更黑，肌颜光泽，如彼促脂转烛者，至寿极亦独死耳。明者知其难求，故不以自劳；愚者欺惑，而冀获尽脂易烛之力，故汲汲不息"（同上）。"今不思勉广日学自通，以趋立身扬名，如但贪利长生，多求延寿益年，则惑之不解者也"（同上）。由此可知，长生不死和求成仙的信仰，在汉代已被突出出来，扬雄、桓谭都是反对这种观念的人，王充更是从各个方面批评了这种观念。

四、王充——"死者，生之效；生者，死之验"

王充是汉代的大哲学家，他的哲学带有强烈的批判性格，他的立论往往是在这种批判中展现出来的。在生死观上，也是如此。

从气一元论出发，王充首先阐释了生命的本源问题。在他看来，万事万物都来源于气，都是由气构成的，人的生命也不例外，从肉体到精神都根源于气，他说："人，物也，万物之中有知慧者也。其受命于天，禀气于元，与物无异"（《论衡·辨案》）；"人，物也；物，亦物也"（《论衡·论死》）；"俱禀元气，或独为人，或为禽兽"（《论衡·幸偶》）。这就是说，人与物在本源上并没有什么差别。但是，为什么人和物或禽兽不同种类呢？王充的解释是，人之所以成为人，并区别于他物，成为有智慧者，是由于人禀受了"元精"，"天禀元气，人受元精"（《论衡·超奇》），这与《淮南子》中的说法接近。针对董仲舒的"目的论"，王充强调，人的生命的产生，并不是至上神"天"有目的的作为，而完全是一个无意识的自然过程，王充说："儒者论曰：'天地故生人'，此言妄也。夫天地合气，人偶自生也。犹夫妇合气，子则自生也"（《论衡·物势》）。照董仲舒的说法，"天"故意生出人，王充论证说，天是自然无为的（气本身恬淡无欲，无为无事），因此产生的人也不是故意的，而是自然的。这种自然性，表现在人那里，也就是偶然性，即人的出现并没有必然的目的性，而是偶然被抛出来的，正如海德格尔所说："我们不知道为什么我们被扔进这个世界。……我们存在着，但是我们找不出我们所以存在的任何理由"（转引自让·华尔：《存在主义简史》，商务印书馆，1964，第9页）。

王充肯定人出生的偶发性，但又强调人出生以后的寿命长短、贫富贵贱都是命中注定的，是不可改变的、已经先在的必然性。他说："命，谓初所禀得而生也。人生受性，则受命矣。性命俱禀，同时并得，非先禀性，后乃受命也"（《论衡·初禀》）。性与命虽同受之于天，但二者完全是两回事。性所说的是人的行为的善恶，命则指决定人吉凶祸福而不可改变的力量。王充说："夫性与命异，或性善而命凶，或性恶而命吉。操行善恶者，性也；祸福吉凶者，命也。或行善而得祸，是性善而命凶；或行恶而得福，是性恶而命吉也。性自有善恶，命自有吉凶。使命吉之人，虽不行善，未必无福；凶命之人，虽勉操行，未必无祸"（《论衡·命义》）。儒家把命分为三：正命，遭命，随命。王充解释说，所谓正命，是说人先天禀有强弱、寿夭、贵贱之命，而在现实中又要如实兑现；所谓遭命，是说人在初怀胎时就遭到了吉凶，并决定了后生；而随命，则是说人在现实中遇到的一切结果，都是由他们行为如何决定的，即善有善报、恶有恶报，"有随命以应行"（《白虎通义·寿命》）。王充承认有正命和遭命，但否认有随命。命的引入，使王充的人生观又带上了命定主义的色彩，但这与他所说的人偶然来世间并不矛盾，前者强调人是如何来的，后者强调人来带了什么东西，来虽是偶然的，但带的东西则是一定的。

偶然来到这个世界的人，最终又要离开这个世界，向死亡的彼岸而在。王充肯定无始无终者（如天地）是永恒存在而不死亡的，但有始有终者，则是一个互相取而代之的关系，"夫有始者必有终，有终者必有始。唯无终始者，乃长生不死"（《论衡·道虚》）。王充明确断定人是有始有终者，人有生就有死，认为生死是互相对立的两个方面，一方通过另一方得到规定和理解，"有血脉之类，无有不生，生无不死。以其生故知其死也。……死者，生之效；生者，死之验也"（《论衡·道虚》）。这是对生死关系的一种辩证理解，恩格斯更明确地指出了生死的对立和依存关系，他说："生命的否定从本质上说包含在生命自身之中……生命总是和它的必然结局，即总是以萌芽状态存在于生命之中的死亡联系起来加以考虑的。……因此，在这里只要借助于辩证法简单地说明生和死的本性，就足以破除自古以来的迷信。生就意味着死"（恩格斯：《自然辩证法》，《马克思恩格斯选集》第3卷，第3版，人民出版社，2012，第985页）。

肯定死的必然性的同时，就意味着对不死成仙的可能性的否定，王充说："夫人，物也，虽贵为王侯，性不异于物。物无不死，人安能仙?"（《论衡·道虚》）又说："人之生，其犹冰也。水凝而为冰，气积而为人。冰极一冬而释，人竟百岁而死。人可令不死，冰可令不释乎？诸学仙术为不死之方，其必不成，犹不能使冰终不释也"（同上）。本来，人都禀有自然的寿命，如果适当加以保养，就能享受天年，但是，学仙之人却要违背自然的法则，企求不死，为此又千方百计想出了稀奇古怪违背人的生理的修炼法，结果不但不能求长生，反而往往自食其果，短命而亡。如，人都有情欲，都必须饮食，但学仙之人却要禁欲，不食食物，由此长寿就不可能，何况不死呢？王充批评说："夫恬淡少欲，孰与鸟兽？鸟兽亦老而死。鸟兽含情欲，有与人相类者矣，未足以言。草木之生何情欲，而春生秋死乎？夫草木无欲，寿不逾岁；人多情欲，寿至于百。此无情欲者反夭，有情欲者寿也"（同上）。又说："夫人之生也，禀食饮之性，故形上有口齿，形下有孔窍。口齿以噍食，孔窍以注泻。顺此性者为得天正道，逆此性者为违所禀受。失本气于天，何能得久寿？……夫人之不食也，犹身之不衣也。衣以温肤，食以充腹。肤温腹饱，精神明盛。如饥而不饱，寒而不温，则有冻饿之害矣。冻饿之人，安能久寿？且人之生也，以食为气，犹草木生以土为气矣。拔草木之根，使之离土，则枯而早死。闭人之口，使之不食，则饿而不寿矣”（《论衡·道虚》）。在此，王充讲的都是很朴实的道理，而学仙之人却强己所不能为，求不死，折磨生，逃避死亡，最终却招致早死，实在可悲。

王充不但否认长生不死，而且否认人死后为鬼。他认为人的灵魂只是一种精气，人死之后，精气犹如烟云一样散开了，“夫魂者，精气也。精气之行，与云烟等”（《论衡·纪妖》）。所谓“鬼”并不是说人死后灵魂还存在着，只是说“回归”，即元气或精气回到它原来的状态，王充说：“人之所以生者，精气也，死而精气灭，能为精气者，血脉也，人死血脉竭，竭而精气灭，灭而形体朽，朽而成灰土，何用为鬼？……人死精神升天，骸骨归土，故谓之鬼。鬼者，归也”（《论衡·论死》）。那么人为什么有鬼的观念呢？王充解释说这是由于人的心理所致：“凡天地之间有鬼，非人死精神为之也，皆人思念存想之所致也。致之何由？由于疾病。人病则忧惧，忧惧则鬼出”（《论衡·订鬼》）。所出来的东西，只是眼中的异物。人精神疲劳或生了疾病，在睡觉的时候，目光反观，此时就会看到人物之幻象，其实这都是自己的幻觉，却误认为是外界存在鬼。

王充否认人死为鬼，既是出于他的真实考察，同时也为了在实际生活中引导人们“薄丧”。在儒家思想观念的支配下，当时人们的厚葬之风非常盛行，王充指出：“谓死如生。闵死独葬，魂孤无副，丘墓闭藏，谷物乏匮，故作偶人以待尸，柩，多藏食物，以歆精魂。积浸流至，或破家尽业以充死棺；杀人以殉葬，以快生意”（《论衡·薄葬》）。墨家主张“节葬”是对的，但认为有鬼这不利于节葬，因为承认有鬼，就应该厚葬，以安鬼魂，王充说：“墨家之议，自违其术”，“如以鬼是死人，则其薄葬非也”（同上）。王充反对“有鬼论”和“厚葬”，但他主张祭祀，其目的在于宣扬死者的功德，以激励后人，同时怀念死者，使他们活在我们心中，王充说：“凡祭祀之义有二：一曰报功，二曰修先。报功以勉力，修先以崇恩。力勉恩崇，功立化通，圣王之务也”（《论衡·祭意》）。又说：表彰“功烈，施布于民，民赖其力，故祭报之。宗庙先祖，己之亲也；生时有养亲之道，死亡义不可背，故修祭祀，示如生存”（同上）。在此，祭祠的功能是双重性的，它是为了现实的人生，也是为了死者。

第三章　玄学的终极关怀：生与死的世界

在对魏晋玄学所做的大量研究中，一般都注重“有与无”“自然与名教”“言与意”这三对概念的考察，而不太关心玄学对生死世界的终极关怀。正如以上所看到的，在先秦和两汉，对生死都有了不少讨论，特别是道家的生死观，以一种超越性的方式，展现了惊人的生死智慧。但是，生死问题真正具有突出的地位，并成为时代思潮关注的核心，则只是魏晋时期特有的产物。说来并不奇怪，魏晋时期，社会政治极度混乱，动荡不安，持续充满着变故和残酷的斗争。这种大氛围下，最紧迫最切实的人的生死存亡、何去何从问题及其回答，自然就被激发出来并不断地被强化，成为直接感受着或经历着时代苦难的士大夫焦虑的核心和关怀的问题。正如论者所说：“魏晋是大一统政局业已崩溃的衰乱时代，汉代名物训诂的学风与忠义气节的士风都荡然无存，取而代之的是对‘宇宙之终始，人生之究竟，死生之意义，人我之关系，心物之离合，哀乐之情感’等存在课题的深思熟虑”（杜维明：《魏晋玄学中的体验思想》，《燕园论学集》，北京大学出版社，1984，第198页），同时，作为玄学思想基本来源的道家经典，则提供了思索生死问题的丰富营养，并能在新的境况中被创造性地阐发。

一、王弼——“善摄生者，无以生为生”

玄学生死问题的发展首先与王弼联系在一起，他通过对老子《道德经》的解释，表达了生与死的智慧。王弼与老子一样，把本体“道”视为具体存在和人生的根据，他说：“万物皆由道而生”（《道德经》三十四章注）。“道者，物之所由也”，“凡物之所以生，功之所以成，皆有所由。有所由焉，则莫不由乎道也。故推而极之，亦至道也”（《道德经》五十一章注）。由于王弼把老子之道中相对待的“有无”的“无”，完全提升为与道同位的本体（“以无为本”），因此，存在和人生（“有”）的根据，在王弼那里更多被称为“无”，“凡有皆始于无”（《道德经》一章注），“天下之物，皆以有为生，有之所始，以无为本”（《道德经》四十章注）。既然人生的根源在于本体“道”或“无”，那么要保持人生的存在和活力，就不能背离主体，为所欲为，丧失本体内在于自己的本性，而是要不间断地亲和本体，依照本体的要求去活动，永远与本体合一。但可悲的是，在现实中，人却背“道”而行，弃母守子，舍本逐末，自以为是在保全自己的生命，使生命充实，但实际上恰恰是在不断威胁着生命，使生命不得安宁，随时都有丧失的可能。如人无限地刺激感官，追求欲望的满足，使生命的器官和通道失去应有的机能，“夫耳、目、口、心，皆顺其性也。不以顺性命，反以伤自然，故曰盲、聋、爽、狂也”（《道德经》十二章注）。特别是，人们千方百计地攫取名利荣宠[“迷于美进，惑于荣利”（《道德经》二十章注）]，竭力“厚生”“贵身”，而不知道这正是“生”和“身”的大患，是“死亡”的深渊，“大患，荣宠之属也。生之厚必入死之地，故谓之大患也”（《道德经》十三章注）。“生生之厚，更之无生之地”（《道德经》五十章注）。如：“夫蚖蟺以渊为浅，而凿穴其中；鹰鹯以山为卑，而增巢其上。矰缴不能及，网罟不能到，可谓处于无死地矣。然而卒以甘饵，乃入于无生之地，岂非生生之厚乎？”（同上）

为了拯救生，摆脱一切有害于生的异己之物，把生从死的境地和深渊中解脱出来，王弼根本上要求对本体的觉醒，回到生命的根源中，达到崇高的“生”的宁静和生命之常，“凡有起于虚，动起于静，故万物虽并动作，卒复归于虚静，是物之极笃也”，“归根则静，故曰‘静’。静则复命，故曰‘复命’也。复命则得性命之常，故曰‘常’也”（《道德经》十六章注）。“‘清静为天下正’也。静则全物之真，躁则犯物之性”（《道德经》四十五章注）。在王弼看来，只要复归于“道”或“无”，人就能突破生命的短暂性，长生久视，“以明自察，量力而行，不失其所，必获长久矣”（《道德经》三十三章注）。甚至达到无限和永恒，在精神上超越死亡。如对老子“死而不亡者寿”，王弼注曰：“虽死而以为生之道不亡，乃得全其寿。身没而道犹存，况身存而道不卒乎”（同上）。

回到生命的根源，具体来说主要就是：寡欲知足；任其自然；柔弱缺失。在老子看来，人生最大的祸害在于不知足，换言之，即有无穷的欲望和要求。如果减少欲望，以知足为怀，人们就不会再轻身逐物，为了名利而遗弃自己的生命。王弼接受了老子的这一思想，认为要保全生，就要寡欲，就要知足，而不是去求“生生之厚”。只有这样，才能“无物可以损其身”（《道德经》十三章注）。因为无限地追逐名利，其结果必定是疏异自残，轻视“自身”，“尚名好高，其身必疏”，“贪货无厌，其身必少”，“得多利而亡其身，何者为病也”，“求之者多，攻之者众，为物所病，故‘大费’、‘厚亡’也”（《道德经》四十四章注）。“难得之货塞人正路，故令人行妨也”（《道德经》十二章注）。同时，养生保生，还要任其自然，舍己任物。人们自以为，养生就是一味地“贵身”“私其身”“先其身”“有为于身”“存其身”，但这实际上恰恰不利于“身”，因为把身看得太重，身就经常处在一种紧张的状态而不能自然宁静和舒缓，就像一棵不断被修剪的树一样，“愈为之则愈失之矣。慧树其恶，事错其言，不济不言不理，必穷之数也。橐籥而守中，则无穷尽。弃己任物，则莫不理。若橐籥有意于为声也，则不足以共吹者之求也”（《道德经》五章注）。“生不可益，益之则夭也”（《道德经》五十五章注）。

因而，真正的养生和保全生命之道，就是无以生为生，任其自生，“与天地合德，乃能包之如天之道。如人之量，则各有其身，不得相均。如惟无身无私乎？自然，然后乃能与天地合其德”（《道德经》七十七章注）。“善摄生者，无以生为生，故无死地也”（《道德经》五十章注）。“无私者，无为于身也。身先身存，故曰‘能成其私’也”，“自生则与物争，不自生则物归也”（《道德经》七章注）。而且，要保持生命的源泉和生的恒久性，王弼与老子一样，反对竞争、强盛和过分发展生命，主张柔弱和缺失（“悬置”）。“含德之厚者，不犯于物，故无物以损其全也”，“无物以损其身，故能全长也。言含德之厚者，无物可以损其德、渝其真。柔弱不争而不摧折”，“心宜无有，使气则强”（《道德经》五十五章注）。因为强盛或过分表现生命，就会损害生命，或过早结束生命，这就是老子所说的“物壮则老，谓之不道。不道早已”（五十五章）。

二、阮籍和嵇康——“修性以保神，安心以全身”

到了阮籍和嵇康，玄学生死观在一定程度上仍可以说是走着超越之路。尽管正像生活本身带着矛盾和冲突一样，阮籍对生死所做的表达和态度，也不完全协调。但是，他最终没有把人生限制在现实和世俗的范围内，而是要求精神的自由和玄远境界。嵇康展示了对生的执着性，他在形体生命和精神生命两个方面，都对生的恒久性做出了积极的主张并怀有热烈的愿望。尽管在邪恶的政治迫害中，他被剥夺了生命，但同时也表明了他追求生命超越性所付出的代价。

在《达庄论》中，阮籍首先对生命的根据做了揭示。与庄子、王弼把“道”或“无”作为本体不同，他把“自然”作为世界的根源。他说：“天地生于自然，万物生于天地。”这就是说万物的根源为天地，而最终的根源则为自然。正因为如此，自然产生的万物，其存在形式虽千姿百态，但根本上却完全是一体化的，“自然一体，则万物经其常，入谓之幽，出谓之章，一气盛衰，变化而不伤。是以重阴雷电，非异出也；天地日月，非殊物也”。而人作为万物中有生命之物，当然也根源于自然，人的形体、情性和精神都是自然的表现，“人生天地之中，体自然之形。身者，阴阳之精气也；性者，五行之正性也；情者，游魂之变欲也；神者，天地之所以驭者也”。人有生就有死，但正如万物根本上都是一体的一样，人的生与死也是连贯的，并没有绝对的界限。“以生言之，则物无不寿；推之以死，则物无不夭。自小视之，则万物莫不小；由大观之，则万物莫不大。殇子为寿，彭祖为夭；秋毫为大，泰山为小。故以死生为一贯，是非为一条也。”

既然生与死是连贯的，那么，人就应该以这种观念去面对生与死，恬淡地生，宁静地死，与自然的变化保持一致。阮籍理想中的“至人”，所体现的就是这种境界，“至人者，恬于生而静于死。生恬，则情不惑；死静，则神不离。故能与阴阳化而不易，从天地变而不移。生究其寿，死循其宜。心气平治，不消不损。

是以广成子处崆峒之山，以入无穷之门；轩辕登昆仑之阜，而遗玄珠之根。此则潜身者易以为活，而离本者难与永存也”（《达庄论》）。在此，阮籍所说的“至人”不仅在形体上是长生的，而且在精神上已经超越了死亡。相反，如果不能与自然为体，得道之正，却要玩弄智巧以求生避死，则恰恰不能得生死之宜。“夫山静而谷深者，自然之道也；得之道而正者，君子之实也。是以作智造巧者害于物，明著是非者危其身，修饰以显洁者惑于生，畏死而荣生者失其真”（同上）。但在现实中正是这样，人们违背自然，支离生命的本体，追求与生命根本对立的各种价值观念，自以为这是在捍卫生命，为生命带来充足的需要和保障，殊不知它残生害性，使生命不得健全发展。阮籍说：“然后世之好异者，不顾其本，各言我而已矣，何待于彼？残生害性，还为仇敌；断割肢体，不以为痛。目视色而不顾耳之所闻，耳所听而不待心之所思，心奔欲而不适性之所安，故疾瘵萌则生不尽，祸乱作则万物残矣”（同上）。阮籍激烈地批判名教礼法和世俗的名利是非等价值观念，就是因为，在他看来，这些东西破坏了人的真实的自然生命，他愤怒地质问：“汝君子之礼法，诚天下残贼、乱危、死亡之术耳，而乃目以为美行不易之道，不亦过乎？”（《大人先生传》）而他则强烈地要求超越这些东西，“今吾乃飘飘于天地之外，与造化为友，朝食阳谷，夕饮西海，将变化迁易，与道周始，此之于万物，岂不厚哉？”“世之名利，胡足以累之哉？”（同上）他向往的境界是，“直能不害于物而形以生，物无所毁而神以清，形神在我而道德成”（《达庄论》），“精神专一用意平，寒暑勿伤莫不惊，忧患靡由素气宁。浮雾凌天恣所经，往来微妙路无倾，好乐非世又何争，人且皆死我独生”（《大人先生传》）。

但是，在血淋淋的、残酷的政治迫害面前，阮籍所向往的生命的超越境界并不能完全拯救他。因而，在他的生命超越境界的背后，却包含着他对生的深深忧虑、焦躁不安和时刻的操心。他的《咏怀》诗所抒发的基本上都是这种“忧生之嗟”和“生之无常的凄凉悲叹”：

> 夜中不能寐，起坐弹鸣琴。薄帷鉴明月，清风吹我襟。孤鸿号外野，翔鸟鸣北林。徘徊将何见，忧思独伤心。
>
> 胸中怀汤火，变化故相招。万事无穷极，知谋苦不饶。但恐须臾间，魂气随风飘。终身履薄冰，谁知我心焦。
>
> 生命辰安在，忧戚涕沾襟。高鸟翔山冈，燕雀栖下林。青云蔽前庭，素琴凄我心。崇山有鸣鹤，岂可相追寻。
>
> 朝阳不再盛，白日忽西幽。去此若俯仰，如何似九秋。人生若尘露，天道邈悠悠。
>
> 出门望佳人，佳人岂在兹？三山招松乔，万世谁与期。存亡有长短，慷慨将焉知？忽忽朝日隤，行行将何之？不见季秋草，摧折在今时。

如此等等，阮籍的超越性，就被这种痛苦和悲哀笼罩着。一方面，他追求生命的永恒，并把这种永恒作为自己的寄托和慰藉，“独有延年术，可以慰吾心”；但另一方面，他又感到追求生命的永恒已毫无意义，“人言愿延年，延年欲焉之”。总之，在阮籍的心中，同时并存着这种超越性和限制性的二重性。

说到嵇康，他比阮籍要单纯些，他对超越性的追求基本上不伴随有限制性，因而他为当时的政治所不容，最后在政治迫害中失去了自己的生命。这是一场悲剧，这场悲剧降临在嵇康身上，更加大了力度。因为在玄学家中，嵇康是最重视生命的人，他把人的生命置于崇高的地位，而毫不掩饰地鄙视世俗的名利价值和社会的名教礼法。但嵇康的高超性在于，这位重视生命的人，面对死亡却极为坦然。他可能要使统治者们明白，他虽然不能实现长生，但他正是为了真实的生命，而敢于向社会政治的一切权威进行彻底的挑战。

嵇康生死观的主题是追求长生并为此而要求养生。他指出，长生不老的仙人虽然我们没有直接见过，但根据历史所传，肯定是有的。这种人“特受异气，禀之自然”，非通过“积学”所能达到。但如果能“导养得理，以尽性命”，那是可以得到长生的。“上获千余岁，下可数百年，可有之耳”（《养生论》）。为此，嵇康明确提出了一个养生论。他所说的养生，包括养神和养形两个方面。在他看来，形神是相互联系的，“形恃神以立，神须形以存”，因而只有养形和养神同时并举，才是完整意义上的养生，“故修性以保神，安心以全身……使形神相亲，表里俱济”（同上）。

在嵇康那里，养生的主要内容是“寡欲”，即打消生理上和社会名利等各方面的愿望及追求。因为欲望与生的超越性是不相容的。但是，对于嵇康的这种观念，向秀提出了批评。在向秀看来，各种欲望都是人性自然，只能满足，不能打消，否则就不利于生，问题是要合乎礼义。如果一味地靠寡欲去求得长生，这种长生便毫无意义。他说："有生则有情，称情则自然。若绝而外之，则与无生同，何贵于有生哉？""故相如曰：'必若长生而不死，虽济万世犹不足以喜。'言悖情失性，而不本天理也。长生且犹无欢，况以短生守之邪？"（《黄门郎向子期难养生论》）面对向秀的批评，嵇康做了反批评。他说，欲望虽出于人，但并非就是合理的。这"犹木之有蝎，虽木之所生，而非木之宜也。故蝎盛则木朽，欲胜则身枯"（《答难养生论》）。但人们却不明白这一点，反而认为追求并满足自己的欲望能"利生厚生"，"然则欲与生不并久，名与身不俱存……而世未之悟，以顺欲为得生，虽有厚生之情，而不识生生之理，故动之死地也"（同上）。照嵇康的说法，打消欲望，不是说，有欲望而想强烈地抑制它，而是说，首先认识到欲望本身有害于生命，从根本上就不产生欲望。同时，也不是说打消有限的与生俱有的"性动之欲"，而是要打消人后天无限追求的"智用之欲"。嵇康说："善养生者则不然矣。清虚静泰，少私寡欲；知名位之伤德，故忽而不营，非欲而强禁也；识厚味之害性，故弃而弗顾，非贪而后抑也；外物以累心，不存神气，以醇白独著；旷然无忧患，寂然无思虑，又守之以一，养之以和，和理日济，同乎大顺"（《养生论》）。"夫不虑而欲，性之动也；识而后感，智之用也。性动者，遇物而当，足则无余；智用者，从感而求，倦而不已"（同上）。而养生的困难也正在于此。嵇康说："养生有五难：名利不灭，此一难也；喜怒不除，此二难也；声色不去，此三难也；滋味不绝，此四难也；神虚精散，此五难也"（同上）。如果能打消这些欲望，任其自然，长生就不期而至，"五者无于胸中，则信顺日济，玄德日全。不祈喜而有福，不求寿而自延”（《养生论》）。

三、郭象——“以死生为寤寐”

不预设超越性的本体，把一切事物的生成和存在根据都归为“独化”和“自生”，认为存在的事物，一旦存在，就“化尽无期”，永远保有连续性，无不得变为有，有亦不得变为无，因而所谓生，所谓死，只不过是存在形态上的差异，而作为“与化为体”的“体”而言，则可以齐一。生死可齐，就不必计较生和死，而应任其自然，生则安生，死则安死。这是郭象通过庄子，从王弼的“无”回到“有”而对生死所做的新的说明。

郭象一反王弼把存在的根源推之为“无”的“虚无论”，提出了“造物者无主”、“物各自造”的“存有论”。具体言之，就是认为“虚无”的“无”不能生“有”，“无既无矣，则不能生有”（《齐物论注》）。而生“有”的只能是“有”，但这“有”又不是“他有”，而是“自有”，“他有”不生一另有，而生有的只是“自有”，“自有”是自身的根据。“夫有之未生，以何为生乎？故必自有耳。岂有之所能有乎？此所以明有之不能为有而自有耳”（《庚桑楚注》）。存在不是由无到有，而是“自在”“自有”，这同时也意味着“有”不能变为“无”。“自有”之有，虽千变万化，但仍为无限的、连续性的“有”或“永在”“永存”，《田子方注》曰：“夫有不得变而为无，故一受成形，则化尽无期也。”

《知北游注》亦曰："无不得化而为有也，有亦不得化而为无矣。是以夫有之为物，虽千变万化，而不得一为无也。不得一为无，故自古无未有之时而常存也。"

把这种"存有论"运用到人的生死问题上，郭象首先强调的是，生不是"自我"有为所生，而是自然偶发性"自尔"或"遇"的结果。《德充符注》曰："夫我之生也，非我之所生也。则一生之内，百年之中，其坐起行止，动静趣舍，情性知能，凡所有者，凡所无者，凡所为者，凡所遇者，皆非我也。理自尔耳。"《大宗师注》曰："'人耳，人耳！'唯愿为人也，亦犹金之踊跃。世皆知金之不祥，而不能任其自化。夫变化之道，靡所不遇，今一遇人形，岂故为哉！生非故为，时自生耳。矜而有之，不亦妄乎！"又曰："人形，乃是万化之一遇耳，未足独喜也，无极之中，所遇皆若人耳，岂特人形可喜而余物无乐邪！"在此，郭象把人生完全视为一种偶然性的东西，而这种偶然性的东西并没有高于其他东西的优越性或价值，这是彻底的"宇宙主义"（"非人类中心主义"）。这种生死的自发性和偶然性，在郭象那里又被说成"必然性"或"命"，人对此只能从之任之，而无任何能动性和自主性。《大宗师注》曰："其有昼夜之常，天之道也。故知死生者，命之极，非妄然也。"又曰："人之所因者，天也；天之所生者，独化也。人皆以天为父，故昼夜之变，寒暑之节，犹不敢恶，随天安之。况乎卓尔独化，至于玄冥之境，又安得而不任之哉！既任之，则死生变化，惟命之从也。""死与生，皆命也。"

同时，郭象认为，生死关系虽然是相对的，但二者之间并无绝对分明的界限，在根本上是可以齐一和玄同的。对此，郭象主要从三个方面做了说明。其一，生死都是“自我”连续变化过程中的一部分，都属于永恒的“自我”，因而根本上可视生死为一，《大宗师注》：“夫形生老死，皆我也。故形为我载，生为我劳，老为我佚，死为我息。四者虽变，未始非我，我奚惜哉!”《德充符注》曰：“体夫极数之妙心，故能无物而不同。无物而不同，则死生变化无往而非我矣。故生为我时，死为我顺。时为我聚，顺为我散，聚散虽异，而我皆我之。则生，故我耳，未始有得；死，亦我也，未始有丧。夫死生之变，犹以为一。即睹其一，则蜕然无系，玄同彼我，以死生为寤寐，以形骸为逆旅，去生如脱屣，断足如遗土。吾未见足以缨茀其心也。”

其二，在物化过程中，自我虽有生死之不同形式，但从生死各有其性分这一实质来看，则生死无不同。《齐物论注》曰：“夫死生之变，犹春秋冬夏四时行耳。故死生之状虽异，其于各安所遇，一也。今生者方自谓生为生，而死者方自谓生为死，则无生矣；生者方自谓死为死，而死者方自谓死为生，则无死矣。无生无死，无可无不可。故儒墨之辩，吾所不能同也；至于各冥其分，吾所不能异也。”

其三，自我的独化过程是无限的（“化尽无期”)，在这种无限性中，要不断经历一系列有限性，所谓生死就是这种有限性的表现。在生的有限性中死还没有来到，所以只能知生而不能知死；而到了死的有限性，生已过去，所以只能知死而不能知生。《大宗师注》曰：“已化而生，焉知未生之时哉！未化而死，焉知已死之后哉！故无所避就，而与化俱往也。”这就像梦与觉的关系一样，“夫死生犹觉梦耳，今梦自以为觉，则无以明觉之非梦也；苟无以明觉之非梦，则亦无以明生之非死矣。死生梦觉，未知所在，当其所遇，无不自得，何为在此而忧彼哉！”《齐物论注》曰：“夫时不暂停，而今不遂存，故昨日之梦，于今化矣。死生之变，岂异于此，而劳心于其间哉！方为此则不知彼，梦为胡蝶是也。取之于人，则一生之中，今不知后，丽姬是也。而愚者窃窃然自以为知生之可乐、死之可苦，未闻物化之谓也。”如果我们能与无限的大化一体，自然就能打破生死的界限，《养生主注》曰：“玄通合变之士，无时而不安，无顺而不处，冥然与造化为一，则无往而非我矣！将何得何失、孰死孰生哉！”

既然生死根本上是统一玄同的，那么我们就不应该乐生恶死，安此而忧彼，而应该超越生死形式上的界限，与化为体，在生安生，而不忧死，在死乐死，而不企生。《齐物论注》曰，生死“所在无不适志，则当生而系生者，必当死而恋死矣。由此观之，知夫在生而哀死者，误也”。又曰：“故生时乐生，则死时乐死矣”，否则就是不知其惑，“死生一也而独悦生，欲与变化相背，故未知其非惑也”。

尽管郭象要玄同生死，但是，玄同的目的，说到底还是落到“生”上，即人的现实存在上。因为在郭象看来，人们畏死，过分地看重生，不合理地追求长生，这不但不利于生，反而有害于生。如果在观念上解除对死的恐惧和忧虑，那就能实现生的独自本质（“性分”），《养生主注》曰：“以有系者为县，则无系者县解也。县解而性命之情得矣。此养生之要也。”《在宥注》曰：“取于尽性命之极，极长生之致耳。身不夭，乃能及物也。”换言之，郭象在“生命”问题上，所要求的主要是在它的限度之内的“自然性”发展，反对为了逃避死亡而人为地追求“久生”。《养生主注》：“达生之情者，不务生之所无以为；达命之情者，不务命之所无奈何也。全其自然而已”；“夫俯仰乎天地之间，逍遥乎自得之场，固养生之妙处也，又何求于入笼而服养哉!”《大宗师注》曰：“夫生之难也，犹独化而自得之矣；既得其生，又何患于生之不得而为之哉！故夫为生果不足以全生，以其生之不由于己为也，而为之则伤其真生也。”显然，郭象生死问题上所贯穿的也完全是他的现实主义观念（“安分守己”），任何超越性和能动性都被他一扫而空。

四、《列子》——“死后之名非所取”

既不同于王弼、嵇康超越有限和追求长生久视的生死观，也有别于阮籍的生死焦虑及郭象的安顺生死态度，《列子》强烈要求现实当下快乐的生而最终听命于生死，同时，《列子》哲学整体上是一部生死哲学，它突出地表现了魏晋玄学对生死的关怀。张湛说：“此书大旨，自以为存亡往复，形气转续，生死变化未始灭绝也”（《列子·杨朱注》）。

在王弼那里，生死的最后根据在于道或无，而郭象则从根本上否定了“生死”的本体，肯定万物的死皆是自生自死。到了《列子》，又一反郭象，承继了王弼的生死形上学之路。《列子》首先区分了生死的形上本体或最高实在和生死的形下具体事物或现象，《列子·天瑞》说："有生者，有生生者；有形者，有形形者；有声者，有声声者；有色者，有色色者；有味者，有味味者。"照《列子》的说法，形下的万物皆有生有死、有存有亡，但生死的形上本体或实在，作为具体生死的最后根据，则是无生无死、无存无亡、寂静不动、超越不化的。《列子·天瑞》说："有生不生，有化不化。不生者能生生，不化者能化化。生者不能不生，化者不能不化。故常生常化。常生常化者，无时不生，无时不化，阴阳尔，四时尔。不生者疑独，不化者往复。往复，其际不可终；疑独，其道不可穷。《皇帝书》曰：谷神不死，是谓玄牝。玄牝之门，是谓天地之根。绵绵若存，用之不勤。故生物者不生，化物者不化。自生自化，自形自色，自智自力，自消自息"，"生之所生者死矣，而生生者未尝终"。

从这一生死形上学出发，《列子》认为，具体的生命都是天地自然造化的结果，因而在根本上并不属于自己。《列子·天瑞》说："'吾身非吾有，孰有之哉?'曰：'是天地之委形也。生非汝有，是天地之委和也；性命非汝有，是天地之委顺也；孙子非汝有，是天地之委蜕也。'"同时，生死也不是由自己决定的，而是由"命"或自然之数决定的。《列子·力命》说："可以生而生，天福也；可以死而死，天福也。可以生而不生，天罚也；可以死而不死，天罚也。可以生，可以死，得生得死，有矣；不可以生，不可以死，或死或生，有矣。然而生生死死，非物非我，皆命也。"因而，对于命中注定的生死，就应当采取知之任之的态度，又说：“死生自命也，贫穷自时也。怨夭折者，不知命者也；怨贫穷者，不知时者也。当死不惧，在穷不戚，知命安时也。”既然生死是由命决定的，有生就有死，那么追求长生、超越死亡，就是不可能的。《列子·杨朱》说：“孟孙阳问杨朱曰：‘有人于此，贵生爱身，以蕲不死，可乎？’曰：‘理无不死。’曰：‘以蕲久生，可乎？’曰：‘理无久生。生非贵之所能存，身非爱之所能厚。且久生奚为？五情好恶，古犹今也；四体安危，古犹今也；世事苦乐，古犹今也；变易治乱，古犹今也。既闻之矣，既见之矣，既更之矣，百年犹厌其多，况久生之苦也乎？’孟孙阳曰：‘若然，速亡愈于久生，则践锋刃，入汤火，得所志矣。’杨子曰：‘不然。既生，则废而任之，究其所欲，以俟于死。将死，则废而任之，究其所之，以放于尽。无不废，无不任，何遽迟速于其间乎？’”任何试图超越死亡、追求长生的欲念，都是不知命或自然之数的结果，《列子·天瑞》载：“有生则复于不生，有形则复于无形。不生者，非本不生者也；无形者，非本无形者也。生者，理之必终者也。终者，不得不终，亦如生者之不得不生。而欲恒其生，画其终，惑于数也。”而且，追求长生也没有必要，因为生有乐，死亦有乐，而人则只知生之乐，而不知死之乐。同时，死只是回到了最后的家而已，是人生最好的休息。《列子·天瑞》载：“死之与生，一往一反。故死于是者，安知不生于彼？故吾知其不相若矣。吾又安知营营而求生非惑乎？亦又安知吾今之死不愈昔之生乎？”又载：“人胥知生之乐，未知生之苦；知老之惫，未知老之佚；知死之恶，未知死之息也。”“死也者，德之徼也。古者谓死人为归人。夫言死人为归人，则生人为行人矣。行而不知归，失家者也。”从强调死之乐，死之为归和息，《列子》进而要求忘生死之界限，“生不知死，死不知生”（《列子·天瑞》），“不知乐生，不知恶死”（《列子·黄帝》）。

同时，从具体的生的有限性出发，《列子》认为，追求超越生之外的价值毫无意义，而应该充分地享受现实的生的快乐。在《列子》看来，死后的世界是无法知道的世界，在此，一切名利价值都已经与自己毫无关系，因而，我们根本不要徒劳无益地去关心死后的世界而焦苦现实的人生。《列子·杨朱》说：“百年，寿之大齐。得百年者千无一焉。设有一者，孩抱以逮昏老，几居其半矣。夜眠之所弭，昼觉之所遗，又几居其半矣。痛疾哀苦，亡失忧惧，又几居其半矣。量十数年之中，逌然而自得亡介焉之虑者，亦亡一时之中尔。则人之生也奚为哉？奚乐哉？为美厚尔，为声色尔。而美厚复不可常厌足，声色不可常玩闻。乃复为刑赏之所禁劝，名法之所进退；遑遑尔竞一时之虚誉，规死后之余荣；偊偊尔顺耳目之观听，惜身意之是非；徒失当年之至乐，不能自肆于一时。重囚累梏，何以异哉？太古之人，知生之暂来，知死之暂往，故从心而动，不违自然所好；当身之娱，非所去也，故不为名所劝。从性而游，不逆万物所好；死后之名，非所取也，故不为刑所及。名誉先后，年命多少，非所量也。”照《列子》的看法，不管生的世界有多少差别，如贤愚贵贱、善恶美丑，死后的世界都是一样的。生为小人，死为腐骨；生为圣人，死也为腐骨。《列子·杨朱》载：“万物所异者生也，所同者死也。生则有贤愚、贵贱，是所异也；死则有臭腐、消灭，是所同也。……十年亦死，百年亦死。仁圣亦死，凶愚亦死。生则尧舜，死则腐骨；生则桀纣，死则腐骨。腐骨一矣，孰知其异？且趣当生，奚遑死后？”又载：“天下之美归之舜、禹、周、孔，天下之恶归之桀、纣。……凡彼四圣者，生无一日之欢，死有万世之名。名者，固非实之所取也。虽称之弗知，虽赏之不知，与株块无以异矣。……彼二凶也，生有从欲之欢，死被愚暴之名。实者，固非名之所与也，虽毁之不知，虽称之弗如，此与株块奚以异矣。彼四圣虽美之所归，苦以至终，同归于死矣。彼二凶虽恶之所归，乐以至终，亦同归于死矣。”而且，一个人生前不管多么光辉伟大、声名卓著，死后随着时间的推移和流逝，都会被人们遗忘，一切都将成为历史的过去。《列子·杨朱》载：“太古之事灭矣，孰志之哉？三皇之事若存若亡，五帝之事若觉若梦，三王之事或隐或显，亿不识一。当身之事或闻或见，万不识一。目前之事或存或废，千不识一。太古至于今日，年数固不可胜纪。但伏羲已来三十余万岁，贤愚、好丑、成败、是非，无不消灭，但迟速之间耳。矜一时之毁誉，以焦苦其神形，要死后数百年中余名，岂足润枯骨？何生之乐哉？”因此，人生在世，应该尽情地享受，应该求当下的快乐、一时的满足，不要苦苦地追求名利礼义，追求长久。又载：“恣耳之所欲听，恣目之所欲视，恣鼻之所欲向，恣口之所欲言，恣体之所欲安，恣意之所欲行。”也载：“凡生之难遇而死之易及。以难遇之生，俟易及之死，可孰念哉？而欲尊礼义以夸人，矫情性以招名，吾以此为弗若死矣。为欲尽一生之欢，穷当年之乐。唯患腹溢而不得恣口之饮，力惫而不得肆情于色，不遑忧名声之丑，性命之危也。”而且，人也不要为自己死后的世界担心，死后如何，完全听之任之。“既死，岂在我哉？焚之亦可，沈之亦可，瘗之亦可，露之亦可，衣薪而弃诸沟壑亦可，衮衣绣裳而纳诸石椁亦可，唯所遇焉。”（《列子·杨朱》）

五、陶渊明——“人生无根蒂，飘如陌上尘”

不渴望长生和超越死亡，肯定生之无常和死之必然性；不追求名利事功，甘愿贫穷以在精神上获得自由、宁静和快乐，这是陶渊明的生死观。表达这种生死观的不是哲学论著，而是文学——“诗赋”和“散文”。这有点类似于存在主义的方式。同时，陶渊明的这种生死观，不在他生活之外“沾花惹草”的野趣，而实实在在就是他的观察、他的生活的直接体验和记录。

与《列子》一样，陶渊明从根本上否定了可以长生不死。在他看来，人虽为有生之灵，但仍逃不脱死亡的最终命运。《形赠影》曰：“天地长不没，山川无改时。草木得常理，霜露荣悴之。谓人最灵智，独复不如兹！适见在世中，奄去靡归期。奚觉无一人，亲识岂相思？但余平生物，举目情悽洏。我无腾化术，必尔不复疑。愿君取吾言，得酒莫苟辞。”《连雨独饮》曰：“运生会归尽，终古谓之然。世间有松乔，于今定何闻？”《拟挽歌辞三首》曰：“有生必有死，早终非促命。”《五月旦作和戴主簿》曰：“既来孰不去，人理固有终。”陶渊明通过对历史人物的观察指出，人们不管多么不同，都要别生，走向死亡之路。《神释》曰："三皇大圣人，今复在何处？彭祖爱永年，欲留不得住。老少同一死，贤愚无复数。"但是，一些人特别是道教方士恐惧死亡，忧患生命的尽期，违反自然，企图超越生的有限性，追求长生不死，这是极大的执迷和荒谬，必须予以打破。《形影神（并序）》曰："贵贱贤愚，莫不营营以惜生，斯甚惑焉。故极陈形影之苦，言神辨自然以释之。"在陶渊明的意识中，追求不死，不仅永远都是一个泡影，而且直接结果正是伤生害生，使有限的生焦躁不安，更为有限。《影答形》曰："存生不可言，卫生每苦拙。……身没名亦尽，念之五情热。"《神释》曰："甚念伤吾生。"《己酉岁九月九日》曰："从古皆有没，念之中心焦。"

在陶渊明那里，生的有限性，也就是生在时间上的短暂性和在空间上的偶然性。生是被偶然抛出来的，并随时都有被抛向死的可能。《杂诗十二首》曰："人生无根蒂，飘如陌上尘。分散逐风转，此已非常身。落地为兄弟，何必骨肉亲！得欢当作乐，斗酒聚比邻。盛年不重来，一日难再晨。及时当勉励，岁月不待人。"又曰："荣华难久居，盛衰不可量。昔为三春蕖，令作秋莲房。严霜结野草，枯悴未遽央。日月还复周，我去不再阳。眷眷往昔时，忆此断人肠。"《饮酒二十首》曰："衰荣无定在，彼此更共之。邵生瓜田中，宁似东陵时。寒暑有代谢，人道每如兹。达人解其会，逝将不复疑。忽与一觞酒，日夕欢相持。""吾生梦幻间，何事绁尘羁。"正是由于生是短暂的、无常的，而死是永远不可超越的，陶渊明把生比作死亡的暂时搁置，《荣木》曰："采采荣木，结根于兹。晨耀其华，夕已丧之。人生若寄，憔悴有时。”《自祭文》曰：“陶子将辞逆旅之馆，永归于本宅。”

既然人生无常，生是有限的，那么如何度过这有限的生呢？在陶渊明那里，这首先就是摆脱对死的“烦”和“畏”，打消对长生的企羡，坦然地面对死亡。《神释》曰：“纵浪大化中，不喜亦不惧。应尽便须尽，无复独多虑。”《自祭文》曰：“余今斯化，可以无恨。”及时地享受短暂的生和当下的快乐，不要考虑明天，不要设计未来，《游斜川》曰：“中觞纵遥情，忘彼千载忧。且极今朝乐，明日非所求。”《己酉岁九月九日》曰：“何以称我情，浊酒且自陶。千载非所知，聊以永今朝。”《酬刘柴桑》曰：“今我不为乐，知有来岁不？”

同时，重视当下生的快乐，就要超越功名价值。《饮酒二十首》曰：“道丧向千载，人人惜其情。有酒不肯饮，但顾世间名。所以贵我身，岂不在一生。一生复能几，倏如流电惊。”因为在陶渊明看来，功名善德与人的幸福并没有内在的对应关系，佛教所宣扬的因果报应说毫无事实根据。《饮酒二十首》曰：“颜生称为仁，荣共言有道。屡空不获年，长饥至于老。虽留身后名，一生亦枯槁。死去何所知，称心固为好。”又曰：“积善云有报，夷叔在西山。善恶苟不应，何事空立言。九十行带索，饥寒况当年。不赖固穷节，百世谁当传。”照陶渊明的说法，人死后，自己的一切都将变成虚无，被人们遗忘，《神释》曰：“立善常所欣，谁当为汝誉。”《归园田居五首》曰：“人生似幻化，终当归空无。”

但是，陶渊明所说的当下生的快乐的内容，与《列子》中所讲恰好相反。《列子》强调的主要是人的感性或感官的快乐和情欲的满足，而陶渊明追求的则是精神上的自适、逍遥和无纷扰。他之所以要逃离官场，也是由于在此虽有功名，但却不能满足精神上的自由，与自己的性灵格格不入。因而当他逃出官场重返田园时，他极度兴奋，有一种如释重负的解放感和迷失之后的回归感，《归园田居五首》曰："少无适俗韵，性本爱丘山。误落尘网中，一去三十年。羁鸟恋旧林，池鱼思故渊。……久在樊笼里，复得返自然。"《归去来兮辞》曰："归去来兮，田园将芜，胡不归？既自以心为形役兮，奚惆怅而独悲！悟已往之不谏，知来者之可追。实迷途其未远，觉今是而昨非。……木欣欣以向荣，泉涓涓而始流。善万物之得时，感吾生之行休。已矣乎！寓形宇内复几时，曷不委心任去留，胡为遑遑欲何之？富贵非吾愿，帝乡不可期。怀良辰以孤往，或植杖而耘耔。登东皋以舒啸，临清流而赋诗。聊乘化以归尽，乐夫天命复奚疑。"显然，回到田园，陶渊明的物质生活极为贫穷，他也不能忘怀这一点，如在《与子俨等疏》等处，陶渊明不时地提到清贫生活的困扰，但是他要忍受它，因为在物与神不能兼得的情形下，精神上的快乐更能满足他，能给他以最大的补偿。"偶爱闲静，开卷有得，便欣然忘食。见树木交荫，时鸟变声，亦复欢然有喜。常言：五六月中，北窗下卧，遇凉风暂至，自谓是羲皇上人"（《与子俨等疏》)。《饮酒二十首》中最著名的一首诗，就是他精神快乐的最好写照："结庐在人境，而无车马喧。问君何能尔？心远地自偏。采菊东篱下，悠然见南山。山气日夕佳，飞鸟相与还。此中有真意，欲辨已忘言。"《连雨独饮》曰："形骸久已化，心在复何言。”只要“心在”，形体老衰又何妨。由此，我们也能理解陶渊明的“嗜酒”，其趣不在酒本身，而是寄意于酒，借酒发神思。“有疑陶渊明诗，篇篇有酒。吾观其意不在酒，亦寄酒为迹者也”（萧统《陶渊明集序》）。

六、比较

通过以上考察，我们可以肯定，在玄学中，生死观无疑占有重要的地位，它是玄学家们共同关怀的主题之一，因而，在今后的玄学研究中应该把这一侧面凸显出来。

同时，我们看到，玄学生死观包含丰富的内容，如果把它放在中国哲学生死观的整个发展历程中来看，可以说它是中国哲学中生死探求的一次高潮，充分体现了中国哲学中的生死智慧。

最后可以指出，玄学生死观的基本理路和特性主要表现为两个类型：一个是理想的、超越的、无限的，即不满足于生的有限性，而要通过与绝对本体或生命根源的合一，超越死亡，达到永恒和无限。王弼、阮籍和嵇康大致代表了这一类型。借用汤用彤先生的话说：“魏晋人生观之新型，其期望在超世之理想，其向往为精神之境界，其追求为玄远之绝对，而遗资生之相对，从哲理上说，所在意欲探求玄远之世界，脱离尘世之苦海，探得生存之奥秘”（汤用彤：《魏晋玄学和文学理论》，载《中国哲学史研究》，1980 年第 1 期）。但是，与此不同，还有一个现实的、内在的、有限的类型，即认识到了生的有限性和无常性，但却不追求超越性和无限性（不可能或不必要），而是要在有限的生命中充分享受生的乐趣。郭象、《列子》和陶渊明则代表了这一类型。不过具体内容有很大差别。在郭象那里，主要是要求安其性分，自足自适；在《列子》那里，主要是追求生命感性的最大满足；在陶渊明那里，则主要是精神的宁静和自由。

第四章　宋明清初生死论

宋明清初是中国哲学发展史上的一个重要里程碑，它是儒释道三家并存并达到了充分融合（“三教合一”）的时代，是哲学思维水平、哲学思想高度发展和异常丰富的时代。这一时代，学派林立、大哲辈出、讲学风行、论辩自由，显示了中国精神智慧的又一盛况。理学、气学、心学三大思潮鼎足而立，构成了这一时期哲学的整体态势。不管立足的是理、是气还是心，其终极理想都是道德价值，都是人格和善，神圣的殿堂上都供奉着普遍的永恒性生命——精神价值，而不是情感、私欲或个人短暂的形体。由此我们不难理解陆游的“死去元知万事空，但悲不见九州同”（《示儿》）；不难感知文天祥的“人生自古谁无死，留取丹心照汗青”（《过零丁洋》），“生无以救国难，死犹为厉鬼以击贼，义也。……所谓誓不与贼俱生，所谓鞠躬尽力，死而后已，亦义也”（《指南录后序》），“天地有正气，杂然赋流形。下则为河岳，上则为日星。于人曰浩然，沛乎塞苍冥。……时穷节乃见，一一垂丹青。……是气所磅礴，凛烈万古存。当其贯日月，生死安足论”（《正气歌》）；同样也不难共鸣岳飞的“三十功名尘与土，八千里路云和月。莫等闲，白了少年头，空悲切”（《满江红》）。总之，时代良知同归于精神生命，儒家“立德、立功、立言”三不朽，被大大复兴，这就是宋明清生死观的基本特征。

一、张载——“存，吾顺事；没，吾宁也”

提起张载，我们很容易想到他的“人类之爱”观念和普遍精神价值理想。在他那里，人不再是隔离的、疏远的和陌生的，人人都是我的同胞，人人都是我爱的对象，他的名言是：“爱必兼爱”（《正蒙·诚明篇》），“民吾同胞，物吾与也”（《西铭》）。在他那里，自我的价值已不再局限于自我之内，而已被提升到超越自我的无限世界中，他那气魄宏大的名言是：“为天地立心，为生民立道，为去圣继绝学，为万世开太平”（《近思录拾遗》）。张载生死观的核心就在于此。他认为，人在生命的历程中，就是为了实现“天道”，就是为了做事而来到世间的：“人生固有天道。人之事在行，不行则无诚，不诚则无物，故须行实事”（《张子语录》）。而且，道也正是人的生命的根本，如果不能时时亲和于道，追求不息，那么人就无异于没有生命的木偶人。因此，人在世间，必须勤于事，为道不息，张载说：“学者有息时，一如木偶人，牵搐则动，舍之则息，一日而万生万死。学者有息时，亦与死无异，是心死也。身虽生，身亦物也，天下之物多矣。学者本以道为生，道息则死也，终是伪物，当以木偶人为譬以自戒。知息为大不善，因设恶譬如此，只欲不息”（《经学理窟·气质》）。这就是说，人生不在于休息和享受，而在于不息地做实事，这样，一旦死向我降临时，我也可以“安宁”地死去了。正是基于对人生的这种理解，张载向我们提供了面对生死的最高智慧：“存，吾顺事；没，吾宁也”（《西铭》）。

张载对生死所采取的这种态度，与他的生死本体论有着密切的关系。张载哲学的形上本体为“气”，亦即“太虚”，一切形下之物都是形上本体“气”聚散的结果。气聚成万物，万物散成气，这是自然规律。张载说：“太虚无形，气之本体，其聚其散，变化之客形尔”（《正蒙·太和篇》）。又说：“天地之气，虽聚散、攻取百途，然其为理也顺而不妄。气之为物，散入无形，适得吾体；聚为有象，不失吾常。太虚不能无气，气不能不聚而为万物，万物不能不散而为太虚。循是出入，是皆不得已而然也”（同上）。从气有聚散这一变化的规律出发，张载批评了释道的“无生论”和“无死论”，认为二者虽有所不同，但都违背了“天道”，“彼语寂灭者往而不反，徇生执有者物而不化，二者虽有间矣，以言乎失道则均焉”（同上）。基于气为万物的本体和气有聚散的自然规律（“理”），张载揭示了生命的来源及特性。照他的说法，生命根源于天之气，并都有一个成长过程，最后走向死，死就是复归，所说的“鬼”，指的就是“归”。张载说：“动物本诸天，以呼吸为聚散之渐……物之初生，气日至而滋息；物生既盈，气日反而游散。至之谓神，以其伸也；反之为鬼，以其归也”（《正蒙·动物篇》）。张载又说：“气于人，生而不离、死而游散者，谓魂；聚成形质、虽死而不散者，谓魄”（同上）。所谓“魂”“魄”，都是气之聚散在人身上的表现。由于人的生死只是气的聚散，而气本身无所谓生、无所谓死，是永恒不灭的，所以从根本上讲，从聚散皆为气来看，人与气完全是一体的，并不会因生而使气增加，也不会因死而使气减少，张载说：“聚亦吾体，散亦吾体。知死之不亡者，可与言性矣”（《正蒙·太和篇》）。这正如海水同冰和水泡的关系一样，并不会因为有冰和水泡而使海水有所增减，明白了这个道理就可以探讨死生是什么了，“海水凝则冰，浮则沤，然冰之才，沤之性，其存其亡，海不得而与焉。推是足以究死生之说”（《正蒙·动物篇》）。同时，张载认为，人生不仅受命于天气，而且受命于天性，“天地之塞，吾其体；天地之帅，吾其性”（《西铭》）。人类的道德价值内在于天性，人生除了满足气质之性之外（“饮食男女皆性也，是乌可灭”），更要追求天命之性，张载说：“至诚，天性也……人能至诚则性尽而神可穷矣”（《正蒙·乾称篇》）。在张载看来，天命之性是本，是大；气质之性是末，是小，因而不能以气质之性损害天命之性，他说：“湛一，气之本；攻取，气之欲。口腹于饮食，鼻舌于臭味，皆攻取之性也。知德者属厌而已，不以嗜欲累其心，不以小害大，末丧本焉尔”（《正蒙·诚明篇》）。人只要尽了天命之性，在形体上虽死了，精神上也能获得永恒性，“道德性命是长在不死之物也，己身则死，此则常在”（《经学理窟·义理》）。由此，人也就懂得了“死无所丧”的道理，“尽性然后知生无所得则死无所丧”（《正蒙·诚明篇》）。

根据以上这种生死观念，张载批评了佛教的生死轮回说和人生幻妄论。他质问佛教：“浮屠明鬼，谓有识之死，受生循环，遂厌苦求免，可谓知鬼乎？以人生为妄，可谓知人乎？”（《正蒙·乾称篇》）实际上，鬼只是指人死复归于气，并不存在生死轮回的世界，在那里人还要忍受无穷无尽痛苦的折磨。现实的人也不是虚幻，他通过努力可以成为圣人，可以体现天命、性，与天合一。张载说：“儒者则因明致诚，因诚致明，故天人合一，致学而可以成圣，得天而未始遗人”（同上）。否定鬼的存在，也就否定了人死后的世界；肯定天道，又不忽视人，这是一种现实和理想相结合的生死观念。

二、朱熹——“身在天地间，便是理与气凝聚底”

朱熹是理学的集大成者，他的生死观也体现了这种特点。他吸收了张载和二程对生死鬼神的看法，提出了更大规模和更系统的生死观。

不言而喻，朱熹哲学最基本的范畴为理和气。理是形而上之道，气是形而下之器，一切事物的根据都是形上之理与形下之气的结合，单有理不能产生物，单有气也是如此，但理是本质，气是具象。人的产生也是理与气结合的结果，或者说是根源于理与气，理构成人的本性，气构成人的形体，二者共存于人的生命中，但二者又有分明的界限。朱子说："天地之间，有理有气。理也者，形而上之道也，生物之本也。气也者，形而下之器也，生物之具也。是以人物之生，必禀此理，然后有性。必禀此气，然后有形。其性其形，虽不外乎一身，然其道器之间，分际甚明，不可乱也"（《答黄道夫书》，《朱子文集》卷五十八）。又说："此身在天地间，便是理与气凝聚底"（《朱子语类》卷三）。"天道流行，发育万物，有理而后有气。虽是一时都有，毕竟以理为主。人得之以有生。气之清者为气，浊者为质。知觉运动，阳之为也。形体，阴之为也"（同上）。由此说来，人的精神及其一切活动都是阳气所为，而人的形体则为阴气所为，但不管是阳气还是阴气，皆是气，因此，在朱熹那里，人的形神都是根源于气，这是传统形神观的继续，但是，在形神之外，朱子又为人赋予了"理"这一超过形神的更重要的特质（理在人身上又可说是"本然之性"）。这样，人生的二元说，就不再是形与神的二元论，而是形神与理的二元论。但要注意的是，形神都是实物，都以气为体，但理却不是实物，它在人身上也不凝结为物，它只是指人内在地具有合乎"当然者"的根据，而这种根据则以气为其载体，朱熹说："若理，则只泊在气上，初不是凝结自为一物。但人分上所合当然者便是理"（同上）。

由于把形神都归结为气，所以朱熹也主要是以气的聚散来解释人的生死、鬼神和魂魄的。照他的说法，气聚为生，生也就有了魂（神）和魄（形），气散为死，死也就有了鬼。神是生的象征，鬼是死的表现。朱熹说："譬如一身，生者为神，死者为鬼，皆一气耳"

（《朱子语类》卷六十三）。又说："这个天地阴阳之气，人与万物皆得之。气聚则为人，散则为鬼"（《朱子语类》卷三）。其具体过程为，人刚出生时，天地之气不断凝聚，逐渐成长壮大，然后开始逐渐消耗散开，"人自方生，而天地之气只管增添在身上。渐渐大，渐渐长成。极至了，便渐渐衰耗，渐渐散"（《朱子语类》卷六十三）。由于阴阳之气的聚散是相互联系、相互转化的，所以鬼神实际上自始至终都存在于人那里，只不过生时神为主，死时鬼为主罢了。朱熹说："只今生人，便自一半是神，一半是鬼了。但未死以前则神为主，已死之后则鬼为主。纵横在这里。以屈伸往来之气言之，则来者为神，去者为鬼"（《朱子语类》卷三）。又说："鬼神，通天地间一气而言。魂魄，主于人身而言。方气之伸，精魄固具，然神为主。及气之屈，魂气虽存，然鬼为主。气尽则魄降而纯于鬼矣，故人死曰鬼"（《答梁文叔》，《朱子文集》卷四十四）。在此，朱熹强调的是，鬼神、生死并没有绝对的界限，它们只是阴阳二气的不同存在形态，只是气化的结果。人不但气化而生，而且气化而死，这是人生的完整过程，即所谓"原始反终"，生尽死来，"人之初生属阳，只管有长，及至长成，便只有衰。此气遂旋衰减，至于衰尽则死矣。周子所谓'原始反终'，只于衰尽处可见反终之理"（《朱子语类》卷九十四）。这也就是说，人最终必然走向死亡，死亡是人逃避不了的内在规定性，朱熹又说："人只有许多气，须有个尽时，尽则魂气归于天，形魄归于地而死矣。……此所以有生必有死，有始必有终也"（《朱子语类》卷三）。人死后就什么也不存在了，根本没有一个死后的鬼的世界，在此人还能以鬼的形式来活动，“大钧播物，一去便休，岂有散而复聚之气”（《朱子语类》卷一）。即使圣人也一样，死后也化为气，不能做鬼。当有人问圣人死如何时，朱熹回答说：“圣人安于死，便即消散”（《朱子语类》卷八十七），“何尝见尧舜做鬼来”（《朱子语类》卷三）。从这种观点出发，朱熹批评了佛教的“生死轮回”观念，朱熹说：“释氏却谓人死为鬼，鬼复为人。如此，则天地间常只是许多人来来去去，更不由造化生生，必无是理”（同上）。

与气的聚散或人的生死不同，理或性无聚散、无生死。也就是说，理是超越变化的一种永恒实在。朱熹说：“性固无死生，然性字须仔细理会，不可将精神知觉做性字看”（《答程允夫》，《朱子文集》卷四十一），“所谓天地之性即我之性，岂有死而遽亡之理”（《答连嵩卿》，《朱子文集》卷四十一），“性者，理而已矣。乾坤变化，万物受命，虽所禀之在我，然其理则非有我之所得私也。性只是理，不可以聚散言。其聚而生，散而死者，气而已矣。所谓精神魂魄，有知有觉者，皆气之所为也。故聚则有，散则无。若理，则初不为聚散而有无也”（《答廖子晦》，《朱子文集》卷四十五）。

三、李贽——“生之必有死也，犹昼之必有夜也”

李贽的哲学在宋明清三大哲学思潮中，一般被归为心学一派。有人说，他是一个“自相冲突的哲学家”（黄仁宇：《万历十五年》，中华书局，1982)，意在强调李贽哲学思想中的非一致性和内在矛盾性。这种矛盾性根源于李贽哲学思想的双重来源，即儒家思想与佛教思想的杂然并存，他试图融合，但没有做好。就他的生死观而论，在不同程度上也有这样的问题，只是儒家的倾向性更强些。

李贽是在狱中自杀而死的。一天，李贽趁侍者为他剃头离开的间隙，用剃刀自刎，但一时没有断气，鲜血淋漓，侍者看到此种情景，就问李贽："和尚痛否?""和尚何自割?""李贽在侍者掌心中写字做了回答：不痛。""七十老翁何所求!"（袁中道：《李温陵传》,《焚书·续焚书》，中华书局，1975，第5页。以下凡引此书，只注篇名和页码）从李贽的回答中，我们不难看到他面对死的超越性境界。李贽的这种境界，与他对生死的理解或他的生死观念密切相关。他沿着儒家生死观的路子，坚信人有生必有死，死是最后不可回避的可能性。他说："生之必有死也，犹昼之必有夜也。死之不可复生，犹逝之不可复返也。人莫不欲生，然卒不能使之久生；人莫不伤逝，然卒不能止之使勿逝。既不能使之久生，则生可以不欲矣。既不能使之勿逝，则逝可以无伤矣。故吾直谓死不必伤，唯有生乃可伤耳。勿伤逝，愿伤生也"（《伤逝》，第164页）。显然，道教那种求长生不死的观念，在此已毫无存在的余地。李贽不仅不欲生，而且愿伤生，即有意识地断绝生命。

在李贽那里，人的生命亦是形神结合的产物，形有生有死，神也有生有死，"且夫形、神，两物也，生即神寓，死即神离，神有寓有离，形有死有生，则神亦与形等耳"（《复马历山》，第3页)。如形神已离，即便形尚存，亦有快乐可言，也不值得向往，求形体快乐的只是世俗之人。李贽又说："甚快活，甚自在，但形神离矣，虽有快活自在不顾矣。此自是恋臭皮囊者宜为之，非达人事也"（《复马历山》，第3页）。

不恋生，当然不主张养生，因此李贽对嵇康的《养生论》表示不满说："今读《养生论》，全然不省神仙中事，非但不识神仙，亦且不识养生矣。何以当面蹉过如此耶？以此聪明出尘好汉，虽向、阮亦无如之何，真令人恨恨"（《养生论》，第204页）。不过，李贽对嵇康的人格和文章仍给予了肯定性的评价，"虽然，若其人品之高，文辞之妙，则岂'七贤'之所可及哉!"（同上）

由于受佛教影响，李贽的生死观中夹杂着佛教悲观主义的情调，如他的一首诗说："明朝七十一，今朝是七十。长而无述焉，既老复何益！虽有读书乐，患失又患得。患失是伊何？去日已蹉跎。患得是伊何？来日苦无多。……且将未死身，暂作不死人"（《至日自讼谢主翁》，第228页）。又如他在与周友山的信中感叹人生的苦恼："今年不死，明年不死，年年等死，等不出死，反等出祸。然祸来又不即来，等死又不即死，真令人叹尘世苦海之难逃也，可如何！但等死之人身心俱灭，筋骨已冷，虽未死，即同死人矣"（《与周友山》，第11页）。

但是李贽仍把人的生死视为一件大事，认为生死都应获得一种价值，只有这样，他才能成为人们永久纪念和信仰的对象，如古之圣贤就是如此，李贽说："夫古之圣贤，其生也不易，其死也不易。生不易，故生而人皆仰；死不易，故死而人尔思。于是乎前而生者，犹冀有待于后世；后而生者，又每叹恨于后时；同时而生者，又每每比之如附骥，比之如附青云。则圣贤之生死固大矣”（《杨声庵集》，第 206 页）。因此，他对嵇康狱中写的对自己多有责怪的诗不能理解。在李贽看来，既然为义而死，也就死得其所，没有什么可自责的，也不必畏惧。他说：“康诣狱明安无罪，此义之至难者也，诗中多自责之辞何哉？若果当自责，此时而后自责，晚矣，是畏死也。既不畏死以明友之无罪，又复畏死而自责，吾不知之矣。夫天下固有不畏死而为义者，是故终其身乐义而忘死，则此死固康之所快也，何以自责为也？亦犹世人畏死而不敢为义者，终其身宁无义而自不肯以义而为朋友死也，则亦无自责时矣。朋友君臣，莫不皆然。世未有托孤寄命之臣既许以死，乃临死而自责者”（《幽愤诗》，第 205 - 206 页）。

基于对死的价值的肯定，李贽把有意义或值得选择的死区分为五种：一是追求崇高理想，不成功便成仁，自杀而死。如聂政、屈原之死，这种类型的死“乃为天下第一等好死”。二是“临阵而死”。此种死虽“未免有不量敌之进”，但属于勇敢而死。三是不屈而死。此种死“有制于人之恨”，但属于为义而死。这两种死，虽比不上第一种类型的死，但“其实亦烈丈夫而死也，非凡流也”。四是“尽忠被谗而死”。此种死有“不智”（“不知君”）之处，但由于是忠君而死，死也有荣誉。五是“功成名遂而死”。此种死亦有“不智”（“不知止足”）之处，但它成就了天下大功，确立了万世之名，所以仍是值得的。李贽指出，以上五种类型的死，虽有优劣之差，但都为“善死”，因此，选择死，最好是选择这五种类型的死，“故智者欲审处死，不可不选择于五者之间也”（《五死篇》，第 163

页）。

与肯定"善死"相反，李贽鄙视卧床而死，尤其是鄙视卧床而临死又慷慨抒发诗意者，他说："若夫卧病房榻之间，徘徊妻孥之侧，滔滔者天下皆是也。此庸夫俗子之所习惯，非死所矣，岂大夫之所甘死乎？虽然，犹胜于临终扶病歌诗，杖策辞别，自以为不怖死，无顾恋者。盖在世俗观之，未免夸之为美谈，呼之为考终。然其好名说谎，反不如庸夫俗子之为顺受其正，自然而死也。等死于牖下身，何以见其节，又何以见其烈，而徒务此虚声为耶？"（《五死篇》，第164页）在李贽看来，人之生、人之死，皆有故有为，因此不仅要生得有意义，而且要死得其所，李贽说："丈夫之生，原非无故而生，则其死也又岂容无故而死乎？其生也有由，则其死也必有所为"（同上）。

李贽不是空谈的哲学家，他不在他的哲学之外，其生死观亦是其实践方向。老的时候，他遇到了选择死亡方式的问题，他觉得遗憾的是，已经不能选择五种"善死"，但他又不愿卧床而死［"如彼而死又非英雄汉子之所为"（同上）］，那么如何死呢？他说："计唯有做些小买卖耳。大买卖如公孙杵臼、聂政者，既不见买主来到，则岂可徒死而死于床褥之间乎？且我已离乡井，捐童仆，直来求买主于此矣，此间既非知己，无知己又何死也！大买卖我知其做不成也，英雄汉子，无所泄怒，既无知己可死，吾将死于不知己者以泄怒也"（同上）。李贽最后自杀了，超脱了卧床而死，也许正是"泄怒"而死吧！

四、王夫之——“游于太虚以听天之变化”

王夫之是三大思潮中“气学派”的大师，他的哲学博大精深，其生死观亦很丰富。

王夫之继承了张载的“气化”论，把人的生死也视为气的聚散变化的结果。他说：“动物皆出地上，而受五行未成形之气以生。气之往来在呼吸，自稚至壮，呼吸盛而日聚，自壮至老，呼吸衰而日散”（《张子正蒙注·动物篇》）。人生根源于气，人死也就回到了气中，王夫之又说：“可以受聪明觉了之灵者，魄也；其不可受者，形也。嗜欲之性，皆魄之所攻取也，但魄离之则不能发其用尔。魄虽不遽散，而久亦归于土，其余气上蒸，亦返于虚，莫非气之聚，则亦无不归于气也”（同上）。与张载和朱熹一样，王夫之把鬼解释为“归”，即人死回到气中，“鬼者，归也，归于太虚之絪缊也”（《张子正蒙注·乾称篇》）。但王夫之则认为，鬼并不是只有人死后才有，在人生时亦有，因为人壮老之后，就已开始了向气的复归，“日生者神，而性亦日生；反归者鬼，而未死之前为鬼者亦多矣”（《张子正蒙注·动物篇》）。

既然人是气化的产物，人就应顺应于气化，与天地为一，生则尽性不忧死，死则安顺不求生。王夫之说：“死生同于太虚之中，君子俟命而不以死为忧，尽其才，养其性，以不失其常尔”（同上），“游于太虚以听天之变化”（《张子正蒙注·乾称篇》）。“盖其生也，异于禽兽之生；则其死也，异于禽兽之死。全健顺太和之理以还造化，存顺而没亦宁”（《张子正蒙注·太和篇》）。在此，王夫之强调了人的生死与禽兽的生死不同，而这种不同在于人知哀死，而不必患死，禽兽不知哀死，只知患死，这说明人虽也有死，但比禽兽幸运，他说：“衰减之穷，予而不茹，则推故而别致其新也。由致新而言之，则死亦生之大造矣。然而合事近喜，离事近忧；乍往必惊，徐来非故。则哀戚哭踊，所以留阴阳之生，靳其离而惜其合，则人所以绍天地之生理，而依依不舍于其常者也。然而以之为哀，而不以之为患，何也？哀者必真，而患者必妄也。且天地之生也，则人以为贵。草木任生而不恤其死，禽兽患死而不知哀死，人知哀死而不必患死。哀以延天地之生，患以废天地之化。故哀与患，人禽之大别也”（《周易外传二》）。

在王夫之看来，人之生禀之造化，受于天道性命，如果在一生中体道行德，也就与天合一了；人死了，失去的只是形体，精神则无所损，“理明义正而道不缺，气正神清而全归于天，故君子之生，明道焉尔，行道焉尔，为天效动，死则宁焉。丧者，丧其耳目口体，而神无损也”（《张子正蒙注·诚明篇》）。正是由于精神或道德价值具有永恒性，所以如果必要的话，就应该舍去有限的形体生命而追求道德，这也正是天对人的要求，王夫之说：“义不当死，则慎以全身，义不可生，则决于致命，直也。气常伸而理不可屈，天所命人之正者此也”（同上）。相反，如果不追求超越性的道，而陷于物欲中，求感官形体的快乐，那就是本末倒置，自求其卑，王夫之说：“物身者，以身为物而为道所用，所谓以小体从大体而为大人也。不以道用其耳目口体之能而从嗜欲以沈溺不反，从记诵以玩物丧志，心尽于形器之中，小人之所以卑也”（《张子正蒙注·大心篇》）。

从生死皆气化的观点出发，王夫之批评了佛教的生死轮回说。他说：“死生流转，无蕞然之形以限之，安得复即一人之神识还为一人！若屈伸乘时，则天德之固然，必不能免；假令能免，亦复何为！生而人，死而天，人尽人道而天还天德，其以合于阴阳之正者，一也”（《张子正蒙注·乾称篇》）。“散而反原，无复有形之蕞然者以拘之。即前身为后身，释氏之陋说也”（同上）。在王夫之看来，佛教主张“无生”，主张“解脱”，恰恰是对死的恐怖，恰恰是被生束缚住了，“彼欲免累者，怖死而已，故欲无生。阴阳昼夜，本非累也；见为累，安能免乎？”（同上）同时，人之生是自然而然的，既生了就应顺生，试图厌之弃之，不仅做不到，而且误了人在世间的职责，此实际上是伪装的表现，无诚可言，诚哪有弃明投暗呢？王夫之说：“释氏之实际，大率以耳目之穷，疑其无有者也。生而与世相感，虽厌之，安能离之；虽遗之，安能使之无存。自欺而谓有得，信为实而自谓诚，于人伦庶物不明矣，则固伪而不诚实。安有诚而恶明者哉！”（同上）在这里王夫之对佛教生死观的批评值得注意。

第五章 近现代生死智慧

进入近代，中西文化的交流和融合开始凸显出来，中国的生死智慧也展现了新的面貌。它不断从传统的生死观中汲取营养，同时又从西方生死哲学中获得刺激和灵感，体现了近现代中西文化融会贯通这一时代脉搏。在此，我们不打算勾画近现代中国生死观发展的历史，而只是通过一些人物对生死问题的思索和认知，来看一看近现代中国的生死智慧。

一、谭嗣同——“生固非生，灭亦非灭”

1898 年 9 月，谭嗣同被清朝统治者杀害，临刑前，他在刑场上高呼：“有心杀贼，无力回天。死得其所，快哉快哉！”真可谓是英勇就义。此岂偶然哉？非也。此前，在狱中，他于壁上题诗一首："望门投止思张俭，忍死须臾待杜根。我自横刀向天笑，去留肝胆两昆仑"（《狱中题壁》）。又此前，政变突发，有人极力劝他出走，亦有机会，但谭嗣同谢曰："不有行者，谁图将来；不有死者，谁鼓士气？""我国二百年来，未有为民变法流血者，如有，请自嗣同始"（《清国殉难六士传》，载《知新报》第75册）。再看平常，谭嗣同亦以死相劝，其言曰："平日互相劝勉者，全在'杀身灭族'四字，岂临小小利害而变其初心乎？"（《上欧阳中鹄书》二十一）。"夫死奚足道？独是不能发舒其用，贸贸焉随众以死，为可悲耳？"（《思篇》二十七）凡此种种，皆说明谭嗣同具有为了大众的自由、平等和爱，随时愿意献出自己生命的历史使命感。对他来说，死必须体现一种崇高的价值和理想，即"死得其所"，为了崇高的价值和理想去死，死的选择就成为人的生命的自觉要求而无所畏惧。由此，我们就接触到了谭嗣同生死观的第一个层面，即生与死的价值。

在谭嗣同那里，个体的生命并不是至高无上的，至高无上的是人类共同的善和理想。因而生命对个体来说，并没有什么用，它的作用在于"利人"或"为人"，否则，它就一无是处。他说："块然躯壳，除利人之外，复何足惜"（《仁学自叙》）。"念蠢尔躯壳，除救人外，毫无他用"（《与唐绂丞书》）。这就是说，生是为了"利人"，只有"利人"，它才具有价值性和可贵性，谭嗣同"私怀墨子摩顶放踵之志"，追求的即是一种"为人"的价值。而这种追求又奠定在谭嗣同"天下一体""人我一体"观念的基础上。照谭嗣同的说法，我与他根本上是一体的，我即是他，他即是我，舍我无他，舍他无我，如欲在我与他之间设置界限，区分彼此，即是“自私”，即为“大道为公”所不容。他说：“以人之游魂而变我耶？我不知其谁也。以我之游魂而变人耶？我不知其谁也。以今日之我，不知前后之我；则前后之我，亦必不知今日之我。试以前后之我，视今日之我，以今日之我，视前后之我，则所谓我，皆他人也。所谓我皆他人，安知所谓他人不皆我耶？原始反终，大《易》所以知生死，于以见万物一体，无容以自囿者自私也”（《思篇》十七）。借用佛教的用语，即是“众生之外无我”。“众生之外无我”，我的所为亦就是为了“普度众生”，他说：“嗣同既悟心源，便欲以心度一切苦恼众生。以心挽劫者，不惟发愿救本国，并彼极强盛之西国与夫含生之类，一切皆度之”（《上欧阳中鹄书》十）。这既可以说是佛的“慈悲”，又可以说是基督的“博爱”或墨家的“兼爱”。有了此种终极理想，有了此种对人类的“爱心”或“仁”，“我相”“畏死”等皆可破除，谭嗣同说：“佛说以无畏为主，已成德者名大无畏，教人也名施无畏，而无畏之源出于慈悲，故为度一切众生故，无不活畏，无畏名畏，无死畏，无地狱恶道畏，乃至无大众威德畏，盖仁之至矣”（《上欧阳中鹄书》十一）。

生是为人而生，死亦为人而死，这是谭嗣同赋予死的价值。照他的说法，如果真是为了他人的利益，就能为之而死，不能为之而死，怎么是为他人的利益呢？他说：“凡利其利者，死其死；不能死其死，何为利其利？”（《思篇》二十七）看上去也许奇怪，谭嗣同是主张延长生命（“延年”）的人，这与他不“畏死”也许矛盾，但仔细追究，则并不矛盾。因为生是为人而生，延生也是为人而延，死是为人，为人即不畏死。谭嗣同承认天无年限，因为天无始无终，“无始则过去断，无终则未来断，断前后际，则现在亦无住。故佛说无时，无时则无尽年，而不可以年年也”（《延年会叙》）。年限只是对人而言，“年年乌乎始？始于年之有尽也，年有尽，自人言之也。人割取天之无年，据为己之由生以及死，其间所积之时，而段段分之，条条剖之，名之以为年。自有年名，而年始有尽矣”（同上）。年既有尽，那么欲延之无尽则必不能，“以有尽之年，而欲延之使无尽，朝菌、蟪蛄而已矣”（同上）。“于此而欲延之，其术必穷，而延年之说，亦终虚悬无薄”（同上）。道家的不死信仰及修炼术，正是逆人道而行，企图使有尽的生命达到无限，谭嗣同批评说：“有好芝菌导引之说者，自以为泠然仙矣。就问之曰：‘如子之术，可不死乎？’曰：‘然。’曰：‘是诚大可哀也已。人生数十年耳，与我周旋其间，无论天合人合，能六七十年者寡矣，然君子犹以为憾。使百年，则先乎我与同乎我者无存矣。更百年以至于无穷，则后乎我与后乎后乎我者又无存矣。……乌睹所谓神仙之乐耶？而徒以块然之身，独立不坏，以与阴阳造化争衡。反不如顺时而死，犹不至四顾无亲，而恻怆感悼，以戾乎人道之常也’”（《思篇》十八）。人不能延长无尽之年，但却能延长有尽之年，“虽然，无能延于所得之年之外，自可延于所得之年之中；无能延年于所阅之时，自可延年于所办之事”（《延年会叙》），也就是说，人之生命说到底是有限的，而延年又是在此有限中延长。在有限中延长，就是珍惜自己有限的生命，不浪费它，把闲暇集中起来，用到有益的事情上。看上去生命仍是那么多年限，但一年做了几年的事，实际上就扩大了生命的年限，谭嗣同说：“则惟有明去其纷扰以耗吾年者，即以所腾出闲暇之年，为暗中增益之年。少一分之纷扰，即多一分之闲暇。无纷扰，有闲暇，则一日可程数日之功，一年可办数年之事。统合算之，将使一世之成就可抵数世，一生之岁月恍历数生，一人之才力若并数人。志气发舒，智虑兴起，境象宽衍，天和充畅，谓之延年，岂为诬乎！”（《延年会叙》）延年是为了多行事，而多行事正好又是延年，中心在于行事，如不行事，徒延生，生不但不可延，且延之亦无贵，谭嗣同又批评了道家徒延生命的追求，“即谓神仙瞟聪黜明，不复有知，则是石与土而已矣。土石虽寿，不得谓之生。人至无知，其心已死，身虽存，奚贵乎？而况乎犹未能也”（《思篇》十八）。

谭嗣同以不畏死获得了人们的敬仰，他之所以能做到这一点，不仅与他的生死价值观有关，而且更内在于他对生死的超越性信念——“生固非生，灭亦非灭”的“不生不灭”论。谭嗣同指出，那些好生恶死的人，皆由于惑所致，导出了可悲的人生，“好生而恶死也，可谓大惑不解者矣！……特不胜其死亡之惧，缩朒而不敢为。方更于人祸所不及，益以纵肆于恶，而顾景汲汲，而四方蹙蹙，惟取自快慰焉已尔，天下岂复有可治也！今夫目力所得而谛观审视者，不出寻丈，顾谓此寻丈遂足以极天下之所至，无复能有余，而一切因以自画，则鲜不谓之大愚。何独于其生也，乃谓止此卒卒数十年而已，于是心光之所注射，虽万变百迁，终不出乎饮食男女、货利名位之外？则彼苍之生人，徒以供玩弄，而旋即毁之矣乎？呜呼，悲矣！”（《仁学》十三）其惑何在，惑在不知，“不生不灭”。谭嗣同沿着孔子“未知生，焉知死”的逻辑，以知生求知死，在他看来，人的形体由天地固有之质点黏合而成，一旦死去，仍回到原来的质点，他说：“体魄之至粗……皆用天地固有之质点粘合而成人。及其既敝而散，仍各还其质点之故，复他有所粘合而成人新物。生固非生，灭亦非灭。又况体魄中之精灵，固无从睹其生灭者乎”（同上）。这就是说，生本非有新质，所以虽生而无生；而死本无旧质灭，所以死亦不灭，谭嗣同又说：“生何自？而生能记忆前生者，往往有之。借曰生无自也，则无往而不生矣。知不生，亦当知不灭”（同上）。基于“不生不灭”，谭嗣同非常赞赏庄子的“善吾生者，乃所以善吾死也”的说法，认为“此言最为学道入圣人之始基”（同上）。而且，张横渠的“太和”之说，王船山的“一圣人死，其气分为众贤人”，基督教的“灵魂”“永生”，佛教的“轮回”“死此生彼”，儒家的“原始反终，故知死生之说。精气为物，游魂为变，是故知鬼神之情状”，等等，都被谭嗣同视为“不生不灭”的注脚。

那么，“不生不灭”能够证实吗？谭嗣同说，不生不灭无处不见，“弥望皆是也”（《仁学》十二），即世界中一切事物皆是如此，只有存在形态的改变，而无生灭。如饼，吃到胃里消化，其为食已无。但饼是谷所成，当成为饼时，饼存而谷无，当吃了消化后，又通过排泄出的粪生成谷，此时饼无而谷存。因此，谷与饼，“但有变易，复何存亡？”（同上）扩而大之，往返、有无等只有远近、聚散之别，而根本上“非生灭也”。人作为万物之一种，其生死亦是如此，非真有生有死也。

除了证实“不生不灭”，谭嗣同又从“微生灭”理论来说明“不生不灭”，“不生不灭乌乎出？曰：出于微生灭”（《仁学》十五）。谭嗣同说，这不是指佛教中菩萨地位之“微生灭”，而是指以太中的自有之“微生灭”（即微细生灭、生死变化）。但是，他的说明仍依据了佛教的理论，即事物的内在联系性及时间的相对性观念。佛教认为事物皆是相互联系的，如说“一切入一，一入一切”（同上），而时间是相对的，没有固定的界限，如说“三世一时”。从相互联系说，彼生而此死，此死而彼生，彼此相容，我是众生，众生是我，众我一体，谭嗣同说：“夫以无量入有量，有量何往？及所思既倦，而无量又何往？一切众生，并而为我，我不加大；我遍而为一切众生，我不减小。故名之曰‘一多相容’。一多相容，则无可知也”（《仁学》十六）。从时间的相对性来说，过去、现在和未来，昨日、今日和明日，皆相对之称，谭嗣同说：“今夫我何以知有今日也？比于过去未来而知之。然而去者则已去，来者又未来，又何以知有今日？迨乎我知有今日，则固已逝之今日也。过去独无今日乎？乃谓之曰过去。未来独无今日乎？乃谓之曰未来。今日宜为今日矣，乃阅明日，则不谓今日为今日。阅又明日，又不谓明日为今日……昨日之天地，物我据之以为生，今日则皆灭；今日之天地，物我据之以为生，明日则又灭。不得据今日为生，即不得据今日为灭，故曰：生灭即不生不灭也。……佛故名之曰：‘三世一时’。三世一时，则无可知也”（同上）。时间既然是相对的，我的生死亦是相对的，如果不知这种相对性，执着有生有死，则陷入生死大轮回之中。能否于大轮回中解脱，在于是否超越“细轮回”。“细轮回不已，则生死终不得息，以太之微生灭亦不得息”（《仁学》十五）。谭嗣同还借用庄子的说法来说明“不生不灭”。庄子有言“方生方死，方死方生”，谭嗣同解释说，方即无生死之义。

总之，谭嗣同认为，从事物的内在联系和时间的相对性两个方面都能说明不生不灭的真理，他说：“非一非异，非断非常。旋生旋灭，即灭即生。生与灭相授之际，微之又微，至于无可微；密之又密，至于无可密。夫是以融化为一，而成乎不生不灭。成乎不生不灭，而所以成之之微生灭，固不容掩焉矣”（同上）。正是基于这种“不生不灭”的信念，谭嗣同选择了死，选择了将在彼处而生的死。

二、王国维——“大患固在我”

1927 年，王国维自沉于颐和园昆明湖，结束了自己的生命。围绕着王氏自杀原因，当时就有不同的说法，按陈寅恪的解释，王氏自杀是“文化”情结所致。他说：“寅恪以谓古今中外志士仁人，往往憔悴忧伤，继之以死。其所伤之事，所死之故，不止局于一时间一地域而已。盖别有超越时间地域之理性存焉。而此超越时间地域之理性，必非其同时间同地域之众人所能共喻。然则先生之志事，多为世人所不解，因而有是非之论者，又何足怪耶?”（陈寅恪：《王静安先生遗书序》，《陈寅恪史学论文选集》，上海古籍书店，1992，第502页）顺着这种理路，我们还可以说王氏之死与他的悲观主义哲学不无关系。既然清楚地认识到人生痛苦，那么结束人生就是寻求超越痛苦之径，既然"大患固有我"，那么无我不就无患了吗？

说起来，王国维一开始就是带着自己的人生问题研究哲学的，他这样自述：我"体素羸弱，性复忧郁，人生之问题，日往复于吾前，自是始决从事于哲学"（《自序》，《王国维文学美学论著集》，上海三联书店，2018，第256页）。同时，他认为历来哲学家的哲学尽管千差万别，但"其所欲解释者，皆宇宙人生上根本之问题"（《〈奏定经学科大学文学科大学章程〉书后》，《王国维文学美学论著集》，第114页）。为了解除"烦闷"，王国维后来由哲学转向文学，他述其原委说："余疲于哲学有日矣。哲学上之说，大都可爱者不可信，可信者不可爱。余知真理，而余又爱其谬误。伟大之形而上学、高严之伦理学，与纯粹之美学，此吾人所酷嗜也。然求其可信者，则宁在知识上之实证论，伦理学上之快乐论，与美学上之经验论。知其可信而不能爱，觉其可爱而不能信，此近二三年中最大之烦闷，而近日之嗜好，所以渐由哲学而移于文学"（《自序二》，《王国维文学美学论著集》，第261页）。以求人生之解决而走向哲学，因为人生而告别哲学，这也许是王国维的内在性情。王国维虽离开了哲学，但在离开时已经有了哲学，已经有了一个成为他哲学中心的生死观。

王国维的生死观深受叔本华悲观主义的影响。叔本华把意志作为世界的本质和实在，认为意志的客体化就变为一切事物的意志，当然也有人的意志。意志的本质是不可遏止的冲动和欲求。它所欲求的是生命，即维持自己的生存，同时繁衍后代，因此意志又可被称为生命意志。王国维接受了叔本华的说法，也认为物质都具有生命意志，即欲求，人更是如此。他说："夫吾人之本质，既为意志矣。而意志之所以为意志，有一大特质焉，曰生活之欲"（《叔本华之哲学及其教育学说》，《王国维文学美学论著集》，第 158 页）。"有横于人人性质之根柢者，则曰生活之欲"（《教育偶感四则》，《王国维遗书》第 5 册，上海古籍出版社，1983 年影印版）。它一方面表现为自己的生存欲望，如饥而欲食、渴而欲饮、寒而欲衣、露处而欲宫室等；另一方面表现为延长自己生命、繁衍后代的欲望，如牝牡之欲、慈爱教育等。

但生命意志的本质则是痛苦，因为欲望是无穷无尽的，一个欲望满足了，又会产生新的欲望，有了新的欲望就有了新的痛苦。王国维说："欲之为性无厌"（《〈红楼梦〉评论》，《王国维文学美学论著集》，第 2 页），"以无穷之人生、有限之世界，必有不得遂其生者矣"（同上书，第 41 页）。"不得遂其生者"即有痛苦。而且，即使欲望得到了一时的满足，带来的也仍是痛苦，如厌倦、空虚和无聊。王国维还把痛苦分为积极的痛苦和消极的痛苦、物质的痛苦和精神的痛苦。积极的痛苦是指在工作和劳动中所经历的痛苦，但由于工作和劳动能带来成就，它就伴随有暂时的快乐。而消极的痛苦是无所事事、百无聊赖的痛苦，它比积极的痛苦更痛苦。物质的痛苦与精神的痛苦相比，后者更痛苦，王国维在他的诗中所抒发的大都是人生的这些痛苦。如他作诗言人生无常之苦："百尺朱楼临大道。楼外轻雷，不间昏和晓，独倚阑干人窈窕，闲中数尽行人少。一霎车尘生树杪。陌上楼头，都向尘中老。薄晚西风吹雨到，明朝又是份流潦”（王国维：《蝶恋花》，《王国维诗词笺校》，湖南人民出版社，第145页）。基于人生即痛苦的观念，王国维进而也对人生的价值做出了虚无主义的归结，他在另一首诗中写道：“高城鼓动兰釭炧，睡也还醒，醉也还醒，忽听孤鸿三两声。人生只似风前絮，欢也飘零，悲也飘零，都作连江点点萍”（王国维：《采桑子》，《王国维诗词笺校》，第150页）。

为了把人生从痛苦中解脱出来，叔本华主张否定生命意志，即否定人的欲望，因为生命意志是痛苦的根源；同时认为通过艺术也可以达到暂时的解脱，因为在艺术欣赏中，欣赏者就会沉浸在观审之中，从意志中跳出来，“永远寻求而又永远不可得的安宁就会在转眼之间自动地光临，而我们也就得到十足的怡悦”（叔本华：《作为意志和表象的世界》，商务印书馆，1982，第274页）。与叔本华一致，王国维也把人生痛苦的脱解置于对人的生命意志的否定上。老子曾言：“吾所以有大患者，为吾有身”（《老子》十三章）。王国维也说“大患固在我”，即认为我的一切痛苦都是我自己造成的。因而如欲摆脱痛苦，就必须否定自我，否定自我的欲望。当然艺术也有解除痛苦一时之效，王国维说：“吾人于此桎梏之世界中，竟不获一时之救济欤？曰：有。唯美之为物，不与吾人之利害相关系，而吾人观美时，亦不知有一己之利害”（《叔本华之哲学及其教育学说》，《王国维文学美学论著集》，第158页）。由于艺术解除痛苦的作用只是暂时性的，所以最终的彻底解脱仍在于否定人的生命意志成欲望。由此来看，不就是说人本来不该来到这个世界吗？而来了不就应该早早离开吗？但奇怪的是叔本华却不主张自杀，他认为自杀仍是对生命意志的肯定。他认为绝食而死才是对生命意志的根本否定。与叔本华一样，王国维也不主张自杀，但颇有意味的是，叔本华没有绝食而死，王国维却自杀了。

三、梁启超——“人死而有不死者存”

1902 年 10 月，梁启超在《新民丛报》（第十八号）上发表《进化论革命者颉德之学说》，对生死问题进行讨论，指出自古以来中外哲学家、宗教家大都很重视“死生”这一人类的切己大问题，提出了各种学说。梁启超把它们归纳为八种：其一，儒家式的。儒家主张人死而有不死者存在。这个不死者是指人的名。君子追求的就是这个名。这种生死观激励人向上，使人在有限的生命中有所作为。其二，庄、列派。庄周、《列子》视生死为一，超越生死的界限。如言物“方生方死，方死方生”。此论使精神逍遥，无牵无挂，但易使人无所作为，消极度生。其三，老子、杨朱派。此派主张乐生养生，死后平等。杨朱反对道德理想的价值，使之虚无化，强调当下感官的享受和快乐，老子主张长生久视，并修之以不争和静。此派弊在自私自利，退让自守。其四，神仙派。此派信仰长生不死，为此而修炼，其术繁多。人之死不可避，企图使之不死，失之愚和贪生怕死。其五，埃及古教。此教主张人死保其遗骸，并求之以“木乃伊”术。所以如此，乃出于畏死而欲心不死。其六，印度婆罗门外道。此派以生为苦，以死为乐，悲观厌世，并以不食求死。其失在非人道性。其七，景教。此教重魂，求天国。其“末日审判，死者复生”之说，徘徊于灵魂与躯壳之间。其八，佛说。此派谓“一切众生，本不生不灭，由妄生分别，故有我相。我相若留，则堕生死海；我相若去，则法身常存。死固非可畏，亦非所乐；无所罣碍，无所恐怖，无所贪恋”。其说至矣。

当然，古今中外的生死观，远不止梁启超说的这些，实际上西方许多哲学家的生死哲学是很丰富的，而梁启超几乎没有谈及，他所讲的主要是东方生死观的类型。在此，他主要是介绍，但他的评论也从某一侧面表达了他对生死的看法。1904 年 12 月，梁启超在《新民丛报》上发表了《余之生死观》一文，主要融合和吸收了基督教、佛教和生物进化论的思想，对生死提出了自己的系统看法，其根本观点是“精神不死”。

梁启超首先提出了这样一个问题：人死之后是否真的完全成为虚无？如果真是这样，我们就可以信奉杨朱之言，不顾死后，一味求今生之乐了。他说：“我可以毋死耶？君可以毋死耶？嘻！前我而生者，亿兆京垓无量数不可思议之人则既死；并我而生者，一岁之中，全世界数十兆以上之人则既死，我国内数兆以上之人则既死，我与君其终不能免矣。死既终不能免，一死之后，我与君将澌然以俱尽耶？果尔尔，则我将惟杨朱之言是宗，曰：死则一矣，毋宁乐生”（《余之死生观》，本小节以下引文均出自此文）。但是，人死之后，并非随着形体生命的完结，他的一切就烟消云散、无影无踪。实际上，仍有不死的东西存在。梁启超说："虽然，我见我国若全世界过去之圣哲，皆有其不死者存；我见我国若全世界过去亿兆京垓无量数不可思议之人类，无论智愚贤不肖，皆有其不死者存，故知我与君皆有其不死者存。"但是，这个不死者是什么？在西方影响较大且争论不休的问题是"灵魂"，围绕"灵魂"是否存在、状态如何、是否不死等问题，古今有各种各样的讨论，至今尚未达成共识。但是，这些争论大都有一个共同点，即承认人死之后仍有不死的东西存在着，尽管称呼不同，"无论为宗教家，为哲理家，为实行教育家，其持论无论若何差异，而其究竟必有一相同之点，曰人死而有不死者存是已。此不死之物，或名之为灵魂，或不名之为灵魂，或语其一局部，或语其全体，实则所指同而所名不同，或所证同而所修不同，此辨争之所由起也"。如果撇开那些枝节的争论，最普遍的意义上的不死的东西，即可以名之为"精神"，弄清了精神，"死学"也就迎刃而解。

在梁启超看来，佛教所说的"羯磨"、进化论所讲的"遗传"、基督教的"灵魂"，以及儒家所主张的"名"，实质都是承认人死后"精神"仍然存在，即"精神不死"。照佛教的说法，一切众生自无始来，有"真如""无明"之二种性，在于识藏。无明相熏相习，其业力总体演化为器世界，即广大的物质世界。其个体演化为有情的世界，即人类及其他夭道众生。用现在的语言说，就是全世界者，全世界人类心理所造成（佛说不限于人类）：一社会者，由一社会人的心理造成；个人者，由个人心理造成。在佛教看来，一切万象悉皆无常，刹那生灭，去而不留。但因果连续一能生他，他再生一，前波后波，相续不断，这一物则不灭，佛教称为“羯磨”。具体到人，亦如此。人的肉身变化不已，“如川逝水，今日之我，已非故吾，方见为新，交臂已故”。由现代血液循环、新陈代谢生物学原理，皆可证之。人死后形体所含原质回归四大，即地、水、风、火，但是性格常住不灭，因果相续，成为我及同类将来生活的基础。何以如此呢？即由“羯磨”的不灭所致。梁启超说：“所以者何？皆缘羯磨，相集相熏，组织而成。是故今日我辈一举一动，一言一话，一感一想，而其影像直刻入此羯磨总体之中，永不消灭。将来我身及我同类受其影响，而食其报。”

梁启超指出，佛教的“羯磨”与生物进化论的“遗传”说极为一致。在进化论看来，生物的进化是变异的结果，但同时又有遗传。梁启超抓住遗传说加以发挥，认为一人之性格乃是前一代习性所遗传，而此身之习性又将遗传给后代。“进化论家之说遗传也，谓一切众生，当其生命存立之间所受境遇，乃至所造行为习性，悉皆遗传于其子孙。”但是，何以有种族之不同呢？梁启超解释说，这是族类自无始以来生存竞争的总结果，质而言之，即以往无限岁月种种境遇、种种行为累积全量所构成。个体的不同亦是这样。虽有递变，如我与我祖不同，后代与我不同，但我的性格不灭，将永远遗传下去。

由此来看，佛教主出世解脱（不造诸业），进化论主生存竞争（善造诸业），结论尽管相差极远，但其主张众生虽死而有不死者这一点，则是一致的。说到基督教的“灵魂”，亦有其共同点。儒家不甚言灵魂，但所言死后名誉存，亦是讲精神不灭。梁启超把儒家的“积善之家必有馀庆，积不善之家必有馀殃”及“君子疾没世而名不称焉”的说法，同佛教的因果报应论联系在一起，大谈国家、社会、民族和个人善恶的前后相续及报应，而其归亦在强调人之精神不灭。他总结说：“吾辈皆死，吾辈皆不死。死者，吾辈之个体也；不死者，吾辈之群体也。”在此，梁启超又把个体与群体对应起来，认为个体之我（小我）无时不在生死之中，非在死亡之时才有死。他说：“夫使以个体为我也，则岂必死之时而乃为死，诚有如波斯匿王所言，岁月日时，刹那刹时，全非故我。……岁岁死，月月死，日日死，刻刻死，息息死。”但是群体之我（大我）则不死，“若夫至今岿然不死者，我也；历千百年乃至千百劫而终不死者，我也。何以故？我有群体故。我之家不死，故我不死；我之国不死，故我不死；我之群不死，故我不死；我之世界不死，故我不死；乃至我之大圆性海不死，故我不死”。

既然小我或个体之我是要死的，我们就不要在此枉费心机，而要在精神不死上尽责任。当然这不是劝人速死，而只是说人要在自己有限的形体生命中创造丰富的精神，以传给来者。这是梁启超主张“精神不死”的根本动机。梁启超最终要求人在现实中，摆脱追求口腹之欲，而求精神之价值；避恶就善，为后世开幸福之基。他这样说：“我之躯壳，共知必死，且岁月日时，刹那刹那。夫既已死，而我乃从而宝贵之，罄吾心力以为彼谋，愚之愚也。譬之罄吾财产之总额，以庄严轮奂一宿之逆旅，愚之愚也。我所庄严者，当在吾本家。逆旅者何？躯壳是已。本家者何？精神是已。吾精神何在？其一在么匿体，将来经无量劫，缘以为轮回，乃至入无余涅槃，皆此物焉。苟有可以为彼之利益者，虽糜其躯壳，不敢辞也。其一在拓都体，此群焉，此国焉，此世界焉，我遗传性所长与以为缘而糜尽者也。苟有可以为彼之利益者，虽糜其躯壳，不敢辞也。夫使在精神与躯壳可以两全之时也，则无取夫戕之，固也。而所以养之者，其轻重大小，既当严辨焉。若夫不能两全之时，则宁死其可死者，而毋死其不可死者。死其不可死者，名曰心死。君子曰：哀莫大于心死。”从这一段话来看，梁启超生死观的理论基础虽主要立足于佛教，但关于生死的价值则完全是儒家式的。他抛弃了佛教消极厌世思想，引入了儒家积极入世和注重精神道德价值的观念。而佛教的“羯磨”说，则成了激励精神价值创造的动力。

四、胡適——“不朽论”

胡适把对科学的信仰推进人生领域，提出了一个“科学主义的人生观”（亦称之为“自然主义人生观”）。20世纪20年代，在中国思想界发生了一场“科学与玄学的论战”，玄学家们认为科学不能解决人生问题；与此相反，信仰科学的科学主义派则认为科学能解决人生问题，作为其中一员，胡適力主这种观点。具体来说，这种观点包括两个方面的内容：第一，胡適把科学的精神、态度和方法作为人生的精神、态度和方法；第二，他要求以科学为基础，来解决人生的各种问题。

就第一点来说，胡適认为，科学的精神、态度和方法主要是注重事实与证据，敢于怀疑和追求真理。把这推广到人生问题上，就是对人生的一切所作所为都要问个为什么，不能盲目地服从或信仰一种东西。换言之，就是要把自己的思想和行为严格建立在事实、证据的基础上，如，有人让你信仰上帝，你就得让他拿出证据来，没有证据，就拒绝接受。在胡適看来，有意义的生活，就是在科学思想和理性指导下的生活。从 1919 年他发表《少年中国的精神》，到 1923 年的《哲学与人生》、1928 年的《人生有何意义》、1930 年的《科学的人生观》等，在这些文字中，胡適都不断地强调了这一点。如在《少年中国的精神》中，胡適说："我们如果发愿要造成少年的中国，第一步便须有一种批评的精神。批评的精神不是别的，就是随时随地都要问我为什么这样做？为什么不那样做？"另外，在《新生活》中，胡適也指出：所谓新生活，就是有意思的生活。有意思的生活是什么样的生活呢？就是自己做了事，知道自己为什么这样做。"为什么"三个字，趣味无穷无尽。

就第二点来说，胡適以科学为依据，提出了一个他所谓的"科学的人生观"，他又称之为"自然主义的人生观"，后来他把它称为"新十诫"。具体来说就是：要知道空间的无穷之大；要知道时间的无穷之长；要知道宇宙及其中万物的运行变迁皆是自然的；要知道物竞天择的原理；要知道人不过是动物中的一种；要知道人类是演进的；要知道心理受因果律的支配；要知道物质不是死的，是活的，不是静止的，是运动的；要知道人的不朽；等等。这些问题及胡適的回答，并没有多少新颖之处。但值得注意的是胡適回答这些问题的方式，即他的回答都与具体的科学联系在一起，都是在科学的“根据”之下，没有任何超越性的东西和缺乏科学根据的解释世界及宇宙的预设。胡適要人们相信，“科学”这一真正的万能上帝完全能解决人生问题，玄学家们的怀疑难不倒科学。他极为乐观地说：“空间之大只增加他对于宇宙的美感；时间之长只使他格外明了祖宗创业之艰难；天行之有常只增加他制裁自然界的能力。甚至于因果律的笼罩一切，也并不见得束缚他的自由，因为因果律的作用一方面使他可以由因求果，由果推因，解释过去，预测未来；一方面又使他可以运用他的智慧，创造新因以求新果。甚至于生存竞争的观念也并不见得就使他成为一个冷酷无情的畜生，也许还可以格外增加他对同类的同情心，格外使他深信互助的重要，格外使他注重人为的努力以减免天然竞争的惨酷与浪费。——总而言之，这个自然主义的人生观里，未尝没有美，未尝没有诗意，未尝没有道德的责任，未尝没有充分运用‘创造智慧’的机会”(《〈科学与人生观〉序》)。胡適描述得多好啊！有了科学，一切就都有了，人间就是天堂，为什么还要去找“世外”根本就不存在的上帝？

但是，胡適也许太乐观了，科学已发展了几百年，我们的人生问题并未因此而得到根本的解决，这是值得深思的。一般来说，科学对人是极其重要的，它肯定能解决一些人生问题，但不能解决所有人生问题。人是有感情的，他需要音乐，需要文学，需要戏剧，这是科学所不能代替的。当然，这不是说，这些领域的问题不可以用科学的方法进行研究，而是说这些领域的东西虽然本身不是科学，但人却极为需要，人是有超越性要求的，他不能只生活在事实和证据面前，他需要冥想，需要绝对和永恒，而这又离不开哲学和宗教。胡適科学主义的人生观，正如他所说，虽然也有诗意，但这只能是科学的诗意，而不是文学、哲学和宗教中的那种诗意；如果说科学的诗意是人生需要的，那么，后者的诗意也是人生不可缺少的。

在科学主义的人生观中，胡適曾谈及人的生死及其不朽问题，他说："根据一切科学智识，人是要死的，物质上的腐败和猫死狗死一般。但是个人不朽的工作，是功德：在立德、立功、立言。善恶都是不朽。一块痰中，有微生物，这菌能散布到空间，使空气都恶化了；人的言语，也是一样。凡是功业、思想，都能传之无穷；匹夫匹妇，都有其不朽的存在"（《科学的人生观》，《胡适讲演》，中国广播电视出版社，1992，第 374 页）。在这段话中，胡適说根据科学知识人是要死的，这无疑是对的。但他所说的人的不朽，是否也有科学的根据呢？胡適说有。在《〈科学与人生观〉序》中，他指出："根据于生物学及社会学的知识，叫人知道个人——'小我'——是要死灭的，而人类——'大我'——是不死的，不朽的；叫人知道'为全种万世而生活'就是宗教，就是最高的宗教。"但是，生物学和社会的知识都提供不了胡適所说的"小我"和"大我"朽不朽的根据，而就是"小我"和"大我"概念本身也已超出了科学的意义。

撇开不朽的科学的根据，我们可以更具体地看一看胡適的"不朽论"。胡適是很看重不朽的，他专门写了《不朽——我的宗教》一文，仔细讨论了不朽问题。他首先指出，不朽有种种说法，但真正有区别的是两种不朽论，一种是“灵魂不灭”的“不朽论”，另一种是《春秋左传》上说的“立德、立功、立言”的“三不朽”。他不赞成“灵魂不灭”的不朽论，因为他认为“灵魂不灭”是靠不住的。他说南北朝的范缜早就提出了“神灭论”的有说服力的理论，在范缜看来，人的神灵只是形体的作用（“神者形之用”），而形体便是神灵的形质（“形者神之质”）。人有形体才有神灵的作用，若没有形体也就没有神灵的作用了。胡适指出：当时范缜的这个理论招致以梁武帝为代表的很多人的批驳，但这些批驳都缺乏说服力。近世唯物论也强调，灵魂并不是什么独立的东西，只不过是脑部神经的作用，一旦脑部衰老或死亡，这种作用也就减退或消灭了，根本没有什么“灵魂不灭”。这种说法与范缜的说法基本上是接近的，都把精神视为物质的产物。但有人始终认为灵魂应该是一种“神秘玄妙”的事物。胡适说，这种“神秘玄妙”的事物，既不能用科学试验来证明，也不能用科学试验来批倒，我们就只好用实验主义的方法来看看这种说法有没有实际效果。胡适指出，信不信灵魂不灭，与是否有道德无关，不信的人也不乏有德者，而信的人也有不少无德者，既然这样，我们就不必信仰“灵魂不灭”了。至此，胡适又把反“灵魂不灭”的根据转移到了它无实际效果上。

胡适反对“灵魂不灭”的不朽论，主张“立德、立功、立言”的“三不朽”。他举了许多例子来说明这种不朽论，认为这种不朽论比“灵魂不灭”的不朽论可靠。他说：“总而言之，这种不朽说，不问人死后灵魂能不能存在，只问他的人格、他的事业、他的著作有没有永远存在的价值。……不朽全靠一个人的真价值，并不靠姓名事实的流传，也不靠灵魂的存在。……这种不朽比那个人的小小灵魂的存在，可不是更可贵、更可羡慕吗？况且那灵魂的有无还在不可知之中，这三种不朽——德，功，言——可是实在的。”但是，胡适认为，“三不朽论”也有它的缺点：一是德功，只为少数人所有，除此之外的大多数人则没有，因此不朽者成了少数；二是“三不朽”只注意正面价值的不朽，忽视了反面价值的不朽；三是“三不朽”所说的“德、功、言”界限不清，比较含糊。

为了克服“三不朽”的缺点，胡适提出了一种新的不朽论，他把它称为“社会的不朽论”。胡适从莱布尼茨的“单子论”世界观和社会历史中人相互联系的观点出发，认为个人与社会是分不开的，个人组成了社会，造就了历史，而历史又影响着个人，纵横交错，难舍难分。在胡适那里，个人被称为“小我”，“社会”被称为“大我”。作为“个人”的“小我”是无独立性的，它与无数过去、现在和将来的“小我”相互联系，相互影响，相互传递。这种无数过去、现在和将来的“小我”代代传承、连绵不断，便构成社会的“大我”。“小我”是会消灭和死的，而“大我”则永远不灭、永远不朽。“小我”虽会死，但“小我”的一切所作所为，好的坏的，大的小的，一一都永远留在了“大我”之中，这个“大我”的一切行为都在“大我”中获得了不朽性，所以“小我”的任何小事，哪怕是吐口痰或叹口气，都会影响到一切，并具有不朽性。胡适说他的这种“社会的不朽论”克服了“三不朽”的缺点（不限于少数人不朽，任何人都可以不朽；不仅善可以不朽，恶也可以不朽；不仅德、功、言可以不朽，一切行为都可以不朽），因此，它是一种完善的不朽论，可以成为他自己的宗教。

但是，胡適的这种“社会的不朽论”与他最终的期待并不协调，他说：“我这个现在的‘小我’，对于那永远不朽的‘大我’的无穷过去，须负重大的责任；对于那永远不朽的‘大我’的无穷未来，也须负重大的责任。我须要时时着想：我应该如何努力利用现在的‘小我’，方才可以不辜负了那‘大我’的无穷过去，方才可以不遗害那‘大我’的无穷未来？”照此说法，胡適仍要求“小我”积极有为，承担责任，避恶从善。可是，照胡適说的“社会的不朽论”，任何人的一切，无论如何都是不朽的，我为何要承担责任呢？因为不承担责任也可以不朽，何必自找苦吃呢？其他亦复如是。胡適试图降低传统“三不朽”的标准，使任何人都步入不朽的行列。但他又要求个人提升自己，追求正面价值，这之间并不融洽。既然我不管如何，都将获得不朽的门票，我何必追求正面价值呢？追求反面价值不是也行吗？在此，胡適该如何回答呢？

在胡適的生死观中，还有一个方面值得注意，即他主张对古代的丧礼进行改革，并提出了改革的意见。直接刺激他这样做的因素，是他亲自经历了自己母亲的葬礼，他认为这种丧礼时间长，而且烦琐，因此应该缩短时间和简化，他说：“我的母亲是我生平最敬爱的一个人，我对她的纪念，自然不止五六个月，何以我一定要实行短丧的制度呢？”（《我对于丧礼的改革》，载《新青年》第六卷第六号）胡適认为，从进化论来看，人类社会的进化大概可分为两条路径：一是由简单变复杂，另一是由复杂变简单。不能说只是前者才是进化，而不承认后者也是进化。肯定后者也是进化，丧礼由繁到简就不能说不好。因此，丧礼越来越简单，是自然的趋势，不是退化。将来社会生活更复杂，丧礼也应变得更简单。而现在改革丧礼，胡適认为着重点应在于，一方面把古代遗留下来的许多仪式删除掉，另一方面同时把后世加入的许多迷信的风俗删除掉，这两个方面的功夫做到了，就可以有一种近乎人情、适合现代生活状况的丧礼。但进行这种删除，胡適认为并没有绝对的标准，只有一个活动的标准，即应多问问“为什么”这样做，认识到没有必要那样做，我们就可以不再实行那些仪式了。

五、梁漱溟——“相似相续，非断非常”

梁漱溟是一个好用思想的人，而他所研究的问题则与他的生活息息相关。他自年轻时代乃至到老，都围绕着两个中心问题思考研究：一是人生问题；二是社会问题（集中为中国问题）。他曾回忆说：“真正的自学是由于向上心驱使我在两个问题上追求不已：一是人生问题；二是社会问题，亦可云中国问题”（《我的自学小史》，《忆往谈旧录》，中国文史出版社，1987，第 14 页）。我们在此所要谈的梁漱溟的生死观，显然属于他所说的人生问题。梁漱溟认为，人生盖有三个性质不同的问题，一是人对于物的问题，二是人对于人的问题，三是人对于自己的问题，并惊人地提出了世界三大文化与这三个问题的对应关系，说西方文化集中在解决人与物的关系，中国文化重在解决人与人的关系，印度文化重在解决人与自己的关系。关心的问题不同，对人生的态度也就有别。西方文化是以意欲向前为根本精神的，中国文化是以意欲自为、调和、持中为根本精神的，印度文化是以意欲反身向后要求为根本精神的。梁漱溟的说法虽有忽视每一文化的多样性和复杂性的局限，但却有很大的诱惑性。

说到梁漱溟的生死观，我们可从他的生命观谈起。梁漱溟所说的生命带有浓厚的形而上学的格调。尽管在他那里，生命也具有生物学层面的意义，用恩格斯的话说就是："**生命是蛋白体的存在方式**，这种存在方式本质上就在于这些蛋白体的化学成分的不断的自我更新"（恩格斯：《反杜林论》，《马克思恩格斯选集》第3卷，第3版，第458页）；"我们所知道的最低级的生物，只不过是简单的蛋白质小块，可是它们已经显示出所有最主要的生命现象"（同上）。但是，梁漱溟认为生物学意义上的生命，只是生命的现象或性能，在各种物质生命之上，则有一个超越性的本体或本源，即宇宙生命。而各种生物则是宇宙生命的存在场所或表现，他说："生物为生命之所寄，乃从而生生不已，新新不住"（《人心与人生》，《梁漱溟全集》第3卷，山东人民出版社，2005，第648页）。宇宙生命的本性是相通性和奋进向上性，因而禀受了宇宙生命的各种具体生物都是相通的和奋进向上的。梁漱溟说："生命本原是共同的，从而一切含生之物，就自然都是息息相通的。譬如音乐感人，世所共知；音乐亦且能感动得动物，甚至感动得植物"（同上书，第645-646页）。又说："生命本性是在无止境地向上奋进；是在争取生命力之扩大，再扩大"（同上书，第580页），"生物演进，花样翻新，物种层出不穷，要均来自生命向上奋进之势”（《人心与人生》，《梁漱溟全集》第3卷，第649页）。从生命相通言之，生物都是一体的，正如古人所言：“天地与我并生，万物与我为一”，“天地万物一体”。梁漱溟引申说：“宇宙大自然固漫然无限浑然一体耳，何曾分合之有哉!”（同上书，第584页）“宇宙只是浑然一事耳”（同上书，第648页），从生命的奋进向上言之，生物互相竞争，各求其发展。

生物既然都是生命本体的展现，人作为生物之一种，当然也不例外。作为生命表现形态的人，与其他生物也是相通的，并具有竞争性和发展愿望。但人是宇宙生命之最典型的表现，原因在于人求奋进的无限性与宇宙生命的无间隔性。其他生物虽都具有奋进和相通的特性，但不免有限和有隔，梁漱溟说：“生命发展至此，人类乃与现存一切物类根本不同。现存物类陷入本能生活中，整个生命沦为两大问题的一种方法手段，一种机械工具，浸失其生命本性，与宇宙大生命不免有隔。而唯人类则上承生物进化以来之形势，而不拘于两大问题，得继续发扬生命本性，至今奋进未已，巍然为宇宙大命之顶峰”（同上书，第581-582页）。这从人心上可以明显看出。在梁漱溟那里，人的生命本性在于人心，它具有主动性、灵活性和计划性，而这为其他生物所不具有。进而人心具有意识和理智，而这更不为其他生命所具有。因此，人心与宇宙生命完全相通，毫无间隔。

基于上面的这种生命观，并融会了佛教的一些思想，梁漱溟对生死提出了一种看法，这就是生死“相似相续，非断非常”。梁漱溟解释说，佛教主张出世，所谓出世，就是要出生灭，因为世间是生生灭灭、生灭不已，佛教称之为“轮回”。轮回是说生命相似相续。相似就是相通，差不多的意思。说生命相似而相续，就是说没有一个固定不变的我，昨天的我连续到今天，但今天的我已不完全是昨天的我，只是与昨天的我相似而已。今天的我与昨天的我相似，因而今天的我又与昨天的我相续。非断非常，也是讲生灭不已。生命不会断，断不了，因为相似相续。有人认为人死了就完了，在佛教上没有这回事。非断，不能断，但也非常，常是恒常。今天的我已不是昨天的我了，早已变了。生命总在变，刹那刹那地变。梁漱溟说：“我曾经说过死亡不会断灭。有些人认为人死了就完了，没有这个事情。我不是说过八个字‘相似相续，非断非常’。生命本来就是今天的我跟昨天的我相似就是了，前一分钟的我跟后一分钟的我相似就是了。其实早已不是一回事。相似相续，连续下来，不会断，非断。非常，常是恒常。还是一回事，不是一回事，早已不是一回事。人都如此，生命都是如此，那我也是如此”（《答：美国学者艾恺先生访谈记录摘要》，《梁漱溟全集》第8卷，山东人民出版社，1993，第1163－1164页）。如果不能理解生命“相似相续，非断非常”的道理，要么就会落入“常见”，要么就会落入“断见”。“常见”把生命看成固定不变，不懂得它息息变化不停，只在相似相续中存在，而前后非一。与此相反，“断见”把生命视为有截然分明的界限，以为相续变化不曾停的生命，竟会在一刹那间戛然中绝。不管是“常见”还是“断见”，都误解了生命的本质。而生命的真正本质在于无始无终，无生无灭。由此来看，梁溟实际上是打破了生死的界限。

但是，在梁漱溟那里，生命主要是信心，从这种生命观出发，并依据佛教“非断非常”的观念，他认为心灵是无生无灭的，得出了“神不灭论”或“有鬼论”的结论。他说：“人从结胎到身死，只不过其生命一段落的起讫。生命即非于此起始，亦非于此告终。人生活动不能无借于此身，然此身死，生命不遽绝也，特其活动难见耳。吾书一向说心与生命同义，而指明心大于身。世之落于断见者，其有见于身，无见于心乎？鬼神之所以非尽由主观虚构者，要即在此。一般说来，人大约是死于此即生于彼；其介在死后生前者，或暂或久，在佛书谓之‘中阴身’。小乘各派论典于此，为说互有出入，不尽同。其在中土则俗所谓鬼者、所谓神者（如非幻觉虚构），当即谓此耳。鬼神每有稍多之灵活自由，亦曰神通，为人所不及”（《人心与人生》，《梁漱溟全集》第 3 卷，第 709 页）。人心是不灭的，所以对待死就不要怕，要任其自然，物来顺应。梁漱溟又说：人“不愿意死。其实不需要怕，不需要希望长生。任其自然，因为任其自然才是‘廓然大公’”（《答：美国学者艾恺先生访谈记录摘要》，《梁漱溟全集》第 8 卷，第 1164 页）。也许正是基于对生死的如此把握，梁漱溟在去世前非常冷静，坦然地与死会面，他这样说：“人寿有限，我虽算长寿，但自觉寿数似乎已到此为止”（《梁漱溟的最后时光》，载《新民晚报》1988 年 7 月 4 日），“不必花费太多的人力物力勉强去延长生命”（《梁漱溟病逝前后》，载《现代人报》1988 年 7 月 12 日）。

六、冯友兰——“无所谓生，无所谓死”

与熊十力和金岳霖一样，冯友兰被称为现代中国的大哲学家。他自称“接着”理学讲的“新理学”哲学体系，是融会贯通中西哲学的产物。但这个体系的终极关怀，则是人生问题，因而在一定程度上可以说，冯友兰的哲学是一种人生哲学。尽管他也欣赏西方的知识论和逻辑学，但他复兴的则是中国哲学以人为中心的精神。在他看来，中国哲学关心的是人生，是如何做人，它虽然没有发达的知识论和逻辑学，但却有发达的人生哲学。

为了复兴中国传统哲学的精神和价值，冯先生使哲学的性质和功能变得更适合他的要求。他认为哲学不仅包括人生哲学，而且还包括宇宙观、知识论和逻辑学等部门。他认为，哲学是一种纯反思的活动。人生的反思是反思的对象之一。哲学的作用是，既能锻炼发展人的理论思维能力，又能丰富提高人的精神境界。但是，当他进行哲学创作，并以此来具体实现中国传统哲学复兴的时候，他所强调的哲学的性质和功能，则基本上与人生问题的解决联系在一起。他认为，哲学是对人生的有系统地反思的思想。“哲学能使人成为圣人。这是哲学的无用之用。如果成为圣人，是尽人之所以为人，则哲学的无用之用，也可称为大用”（《新原道》，《三松堂全集》第5卷，河南人民出版社，1986，第159页）。“新理学知道它所讲底是哲学，知道哲学本来只能提高人的境界，本来不能使人有对于实际事物底积极底知识”(《新原道》,《三松堂全集》第5卷,第158页)。“新理学是最玄虚底哲学,但它所讲底,还是‘内圣外王之道’,而且是‘内圣外王之道’的最精纯底要素”(同上书,第160页)。这种意义下的哲学,无疑与中国传统哲学的精神和价值最为吻合,冯友兰对此多有说明:“按照中国哲学的传统,哲学的功能不是为了增加正面的知识(我所说的正面知识是指客观事物的信息),而是为了提高人的心灵,超越现实世界,体验高于道德的价值”(《中国哲学简史》,三联书店,2009,第5页)。这样,哲学—人生哲学—中国传统哲学,在很大程度上就不可分割地紧紧联系在一起,冯先生哲学的关切正是落实在这里。最能代表冯友兰人生哲学的书是他的《新原人》,他的生死观也集中于此书中。此书的中心是讨论人的境界,主要有四种,即“自然境界”“功利境界”“道德境界”“天地境界”,而生死的意义则由于境界的不同而不同。

冯友兰肯定生死是互相对立的两个方面,但他接受了孔子的说法(“未知生,焉知死”),也主张由生而知死,而不主张因死而知生。在他看来,死是生的否定,专就其否定说,死又有什么可说的呢?所以,“欲了解死,必先了解生,能了解生则亦可以了解死”(《新原人》,《三松堂全集》第4卷,河南人民出版社,1986,第683页)。这也正如程子所说的“知生之道则知死之道”,朱子所说的“非原始而知所以生,则必不能反终而知所以死”。但是,既然生死是对立的两面,同样亦可以由死而知生,因为死并不在我们之外,它属于我们的固有属性,死仍是可说的。

与人格境界的高低取决于人的觉解的高低一样,在冯友兰那里,生死对人的意义，取决于人对生死如何了解，了解不同，生死的意义也不同，冯友兰说：“对于生底了解到某种程度，则生对于有此等了解底人，有某种意义。生对于有此等了解底人有某种意义，则死对于有此等了解底人，也有某种与之相应底意义”（《新原人》，《三松堂全集》第4卷，第683页）。在自然境界中的人，生死都没有很清楚的意义。这不是说这种人在生时不能有什么活动，而只是说他对活动缺乏觉解。对于生死也一样，他虽知道他现在在生，而将来又会死，但他对生死本身都没有清楚的了解，因而他不知怕死。他不知怕死，与一般动物不知怕死不同。一般动物不知怕死，是因为它不知有死，在自然境界中的人不知怕死，是因为他不知死之可怕。不知死之可怕，生死对他是顺受的，他并不有目的、有计划地设法对付死。

比自然境界高一级的是功利境界，在此种境界中的人，对生死的了解稍多一些，因而，生死对他的意义也增加了。他知道生是“他”的存在的继续，死是“他”的存在的断灭，要继续存在，就得没法对付死。他对付死的办法主要有四种：第一种是求避免死，即求长生不死。道教就代表了这种人的心态。第二种是求立名。这些人知死不可免，于是就想通过功名以使自己流芳后世。正如古诗所说：“人生非金石，岂能长寿考。奄忽随物化，荣名以为宝。”第三种是求眼前的快乐。这种人不求长生，亦不要留名，只求在生时多享受些快乐，认为只有此才是最实在的，古诗亦说：“万岁更相送，贤圣莫能度。服食求神仙，多为药所误。不如饮美酒，被服纨与素。”《列子·杨朱》更系统地发挥了此种倾向。第四种是相信灵魂不死。不少宗教都持此说，认为人死后，形体不存在了，但灵魂仍将存在，灵魂是不死的，许多人也相信此说，以此抗拒死的威胁。总之，在功利境界中的人，最怕死，最受死的威胁。

但到了道德境界，生死对人的意义又不同了。在道德境界中的人，不关心死后，只注意生前。他所要做的事只是尽伦尽职，他一日未死，就做他应该做的事。因此，此种人可以说是“鞠躬尽瘁，死而后已”。生时不考虑死，一心做事，死时不考虑生，安于死亡，如张载所言：“存，吾顺事；没，吾宁也。”在道德境界中的人，求尽伦尽德，把道德价值放在第一位，所以必要时，此种人将舍生求仁义，即孔子所说的“无求生以害仁，有杀身以成仁”。杀身成仁，事实上也可得名，但道德境界中的人与功利境界中的人不同，他并不是为了名，而只是为道德本身。

天地境界是人的最高境界，在此种境界中的人，无所谓生，无所谓死，他已超越生死，知道生是顺化，死亦是顺化，与造化为一。冯先生说：“觉解个体的生灭是随顺大化，则亦觉解个体的生灭，是大化的一部分，是道体的一部分。有此等觉解，则可‘与造化为一’。……与造化为一，则能自大化的观点以看生灭。自大化的观点以看生灭，则生灭只是变化，不是死生”（《新原人》，《三松堂全集》第 4 卷，第 692 页）。与造化为一，同时也是与宇宙大全、与理世界为一。宇宙大全是永恒的，理超越时间，因而与它们为一，也就没有生死的界限。当然，冯先生所说的超越了生死，只是精神上所达到的一种境界，不是说精神本身或形体可以超越生死。精神上超越了生死，当然也就无所谓怕死了。有意于不怕死，对死仍有芥蒂，但在天地境界中的人，他不是有意地不怕死，因为在他那里，已无所谓死了，哪还有怕呢？冯先生讲的这种生死观，也许太玄了，但可能正是由于太玄了，他对我们才是最高的理想。

七、唐君毅——“精神不死”

在唐君毅的哲学中，人生问题亦是其中心。而所谓生死，只不过是此大问题中的一个小问题。唐君毅的生死观，有两个方面的重要内容：一是认为人生艰难，哀乐相生；二是认为人“精神不死”，幽明相通。

他首先指出，人生的艰难与人生来去的茫昧和孤独相伴而生。庄子说：“人之生也，与忧惧生”（《庄子·至乐》）。又说：“人之生也，固若是芒乎？其我独芒，而人亦有不芒者乎？”（《庄子·齐物论》）唐君毅认为，庄子的话“实包含无穷的慨叹”。人从落地起，经过婴儿、童年、青年、中年、老年、死亡，不管长短，都要忍受接连不断的艰难和痛苦。他来是孤独地来，去也是孤独地去，“一切人的死，同是孤独的死。世界不与他同往，其他一切的人，亦不与他同往。他死了，日月照常贞明，一年照常有春夏秋冬，其他的人照常游嬉。人只能各人死各人的。各人只能携带其绝对的孤独，各自走入寂寞的不可知之世界”（《人生之艰难与哀乐相生》，《文化意识宇宙的探索——唐君毅新儒学论著辑要》，中国广播电视出版社，1992，第27页）。同时，人之来，人之去，都超乎他的认知和意志之外，在此，他无能为力，手足无措，“生前，我不知自何来；死后，我不知将何往。何以造化或上帝，不得我同意而使我生，亦不必即得我同意而使我死?”（《人生之艰难与哀乐相生》，《文化意识宇宙的探索——唐君毅新儒学论著辑要》，第 27 页）而且，在我生前有无限的时间，在我死后亦有无限的时间，而我对此也一无所知，我只是这其中的一点小“有”，我所能谋划也只是这一点小“有”。但是，在对这一点小“有”的谋划中，我处处都面对着艰难。唐君毅把人生的欲求分为七项：求生存、求爱情、求名位、求真、求善、求美和求神圣。这七项欲求的满足，都充满着艰难。

求生存、求爱情和求名位这三项欲求，可称之为世间俗情的最大动力。唐君毅认为哲学家往往忽视它们，是不应该的。生存是人的其他一切活动的基础，也是人生必须面对的首要问题。为了解决这一问题，人谋取职业，辛苦劳动。有了职业，他还担心失业，担心流浪街头，成为乞丐。不仅如此，他不知道他为什么要生存，为什么有永远吃不饱的胃。他当然可以绝食或自杀，但这对人太艰难了。除了饮食，人还要满足性爱，但在性爱中，失恋、离婚、情杀及奸淫等困苦都有可能向他袭来。而且他先天的好色之心、求爱之欲又太难满足。当然，与饮食一样，人也可以禁止性爱，超脱出去，但这同样很难。名位也是人强烈追求的东西。人之所以追求名位，因为根据人的欲望，名位被人承认是一种价值。但得到名位很难，而且人一旦有了名位，毁贬、批评就接踵而至，使人有苦难言，有口难辩。除了人生的基本欲望，人还有追求真、善、美和神圣的超越价值的欲望，但这些欲望的满足更难。他是有限的、特殊的，而这些价值则是无限的、普遍的；他生活在不完满的现实环境中，但这些价值则是超越现实的至上完满。要克服有限与无限、特殊与普遍、现实与非现实的矛盾对立，对人来说任重而道远，一旦松懈，就会前功尽弃，但要追求到，又困难重重。总之，对于唐君毅来说，“人生的行程，是一绝对的滑路。不上升便只有沉沦，而沉沦下去亦处处仍有艰难，直沉下去亦莫有底”（《人生之艰难与哀乐相生》，《文化意识宇宙的探索——唐君毅新儒学论著辑要》，第 49 页）。

但是，在唐君毅看来，人生路程中有艰难和痛苦，并不是要人悲观厌世，而只是让人深刻认真地正视人生的现实，并勇敢地面对它，克服它，找到人生的永久支点。他说：“我之此文从整个看，将不免使人有沉重悲凉的感觉，因其本偏重于说人生的艰难。……但是世间仍有一道理颠扑不破，即人能知道艰难，人心便能承载艰难。人心能承载艰难，即能克服艰难。只要‘昨夜江边春水生’，即‘艨艟巨舰一毛轻’。人生一切事，皆无绝对的难易。只要人真正精进自强，一切难皆成易。反之，只要懈怠懒散，则一切易皆成难”（同上书，第 51 页）。而且，人在遇到艰难时，固然痛苦，但一旦克服了艰难，也就有了快乐。痛苦与快乐总是结伴而行，痛苦并不完全是消极的东西，没有它就没有快乐，拒绝痛苦，也就是拒绝快乐，也许正是由此，人类才有了对痛苦与快乐一起拒绝和超越的倾向。如佛教就是这样，一方面承认苦乐的互转性，另一方面又欲共同拒绝。印度相传一个故事，有一个婆罗门家的主人，在室内忽然看到一位美貌庄严的女子，服饰亦均非凡品。主人非常吃惊，就问女子是什么人，为何来他家。女子回答说：我是功德天，我所到之处，万事顺和，福寿无疆。

于是，主人非常高兴，敬心供奉。但他出门时，在门外又见一女子，囚首垢面，衣服褴褛。主人就训斥她，不让她站在门外。那女子说：我是黑暗女，我的姐姐在你室内，你怎能不许我站在此？主人说：你站在这里是什么意思？女子说：我所到之处，其家必衰，一切祸患，推门就进来。主人大怒，想强行把她赶走。那女子说：我与我姐姐形影不离，我姐姐在内，我必在外，等善缘终了，我姐姐出时，我即进去。主人想，福利固然可乐，但福患又可惧，既然要驱赶黑暗女，亦应同时让功德天离开。所以说，有智主人，苦乐皆排斥。

唐君毅生死观的第二个内容是：人的精神永存，幽明相通。在唐君毅看来，人在一天天的生活中，都在一天天地接近死亡。但人为什么很少想到死、担忧死呢？这是因为人并不是只在自己的身体中存在，而主要是在超出自己身体之外之上的世界中存在。这个身体之外之上的世界就是精神。人明知自己的身体在消耗中一天天衰老了，但还是要消耗它，就是为了精神。唐君毅说："人的生活与精神之活动之成就，即成就在此物质身体之能力与自然生命力之不断耗费，以归于死亡而不存在之上。我们可以说，人的生活与精神活动之逐渐成就，而由不存在走向存在；即依于人的身体与自然生命，由存在以走向不存在之上。此二者是一切人生所同时具备，而方向相反，并相依并进之二种存在动向"（《死生之说与幽明之际》，《文化意识宇宙的探索——唐君毅新儒学论著辑要》，第 58 页）。身体随着消耗而走向死亡或不存在，精神却愈来愈丰富，由不存在走向存在，由于精神将存在，所以死并不是人生之消失，而只是人生之暂告一段落。那么，人为什么还怕死呢？唐君毅解释说，是因为人希望保留自己的身体，以继续成就其精神。

基于“精神本无死”之论，唐君毅认为死者与生者、幽与明是相通的，并没有隔离和永别。他说：“吾可以吾之超出吾个人之生之深情厚意，以与死者之超出其个人之生之深情厚意，直接相感。此即可实彻通幽明之际矣”（《死生之说与幽明之际》，《文化意识宇宙的探索——唐君毅新儒学论著辑要》，第60页）。所谓“深情厚意”，非一般人生活中的精神，而是超出个人目的，完全寄予他人的期望、顾念、祈盼等。这种“深情厚意”感动了人，人就会以此种“深情厚意”为其精神。假如期待者死了，他的精神就在被感动者那里存在着。被感动者通过祭祀就会更直截了当地与死者感通。古人之心与今人之心的感通也是这样。我不见古人，古人亦不见我，但这并不妨碍我与古人的感通，我读其书，知其事，知其智，古人的精神就会浮现在我心中。

依据生者之心与死者之心的相感性，唐君毅认为鬼神是存在的。但鬼神之状，他没有讨论。他讨论的是鬼神之情。所谓鬼神之情，是指人生前所留下的“深情厚意”。此“深情厚意”在人死后仍然存在，不会断灭，而且“凡人之情，其生前之所顾念者大，其为情也深，则其为鬼神也，其情之所顾念者亦大，其为情也亦深”（同上书，第64页）。唐君毅指出，鬼神之有，人内证即可知之，但必须心诚，心诚则灵。他说：“吾人如真识得人生乃以其身体之渐趋于不存在，以成其生活与精神之存在，又知人之将死者恒致其顾念祈盼之诚，而有寄望于生者之深情厚意，吾人又能以吾之深情厚意与诚敬之心，及祭祀之礼乐，以与之相接，则人死之后，非一无复余，人之鬼神为必有”（同上书，第62-63页）。

第六章　道教与生死

与佛教不同，道教是中国本土自生自长出来的一种宗教。作为一种宗教，它与其他宗教一样，中心是要解决人的生死问题，为人提供一种超越性的信仰。但道家的生死观有自身的独特性，它既不同于儒家注重现实、追求道德价值、遵循自然生死规律的生死观，也不同于佛教厌弃生命、求精神不死和涅槃境界的生死观。当然，与道家重生和超越生死的生死观也有差别，道教注重形体上的超越，追求长生不死或成仙。

一、不死或成仙信仰

尽管人来到世界，并没有特别的理由，但他来了之后，却有一个一般的倾向，即热恋着这个生的世间，不太想走，至少是不想过早地走，但早走晚走总是走，难免对这个无可奈何的走不甘心。道教正是大大发展了人类恋生的这种强烈愿望，发展成一种成仙、不死的系统信仰，不仅不想过早地走，而且根本上要求不走，这是对人的生命的一种最典型的执着，说得不客气些，是把人怕死的心理和求长生或长寿的愿望推到了顶点。

追溯起来，在道教之前，在中国文化中就已有了“不死”或“成仙”的观念。《左传·昭公二十年》记载：齐景公“饮酒乐。公曰：‘古而无死，其乐若何!’晏子对曰：‘古而无死，则古之乐也，君何得焉?’”战国时，燕国和齐国讲长生不死的“方士”颇多。齐威王、齐宣王、燕昭王都迷恋生，相信方士能使人不死。《韩非子·外储说左上》记载：“客有教燕王为不死之道者，王使人学之，所使学者未及学而客死。王大怒，诛之。王不知客之欺己，而诛学者之晚也。”《史记·封禅书》载：“自威、宣、燕昭使人入海求蓬莱、方丈、瀛洲。此三神山者，其传在渤海中，去人不远；患且至，则船风引而去。盖尝有至者，诸仙人及不死药皆在焉。其物禽兽尽白，而黄金银为宫阙。未至，望之如云；及到，三神山反居水下。临之，风辄引去，终莫能至云。世主莫不甘心焉。”这种相信长生不死的风气，不仅燕齐有，其他国也有，如楚国。《战国策·楚四》记载有人向荆王献不死之药的事：“有献不死之药于荆王者，谒者操以入。中射之士问曰：‘可食乎?’曰：‘可。’因夺而食之。王怒，使人杀中射之士。中射之士使人说王曰：‘臣问谒者，谒者曰可食，臣故食之。是臣无罪，而罪在谒者也。且客献不死之药，臣食之而王杀臣，是死药也。王杀无罪之臣，而明人之欺王。’王乃不杀。”（《韩非子·说林上》也载有此事。）秦统一中国后，徐市上书，说海中有三神山，名为蓬莱、方丈、瀛洲，有仙人居住。听徐市的话，秦始皇也迷恋上了不死成仙，派遣徐市找男女数千人，入海求仙人；后来又使燕人卢生求仙人羡门、高誓，求不死之药，结果都一无所获，为此秦始皇坑杀诸生。汉初神仙学与黄老之学结合，信奉不死或成仙之风很为盛行，而汉武帝更是相信长生不死、成仙的方术。方士李少君向武帝讲丹砂可炼为黄金，用黄金做饮食器具，可以长寿并能见到蓬莱仙者，武帝信以为然，《史记·封禅书》载：“少君言上曰：‘祠灶则致物，致物而丹沙可化为黄金，黄金成以为饮食器则益寿，益寿而海中蓬莱仙者乃可见，见之以封禅则不死，黄帝是也。臣尝游海上，见安期生，安期生食巨枣，大如瓜。安期生仙者，通蓬莱中，合则见人，不合则隐。’于是天子始亲祠灶，遣方士入海求蓬莱安期生之属，而事化丹沙诸药齐为黄金矣。”总之，在道教确立之前，不死或成仙的渴求在中国文化中已有了基础。道教正是在这一基础上，把神仙方术与道家“长生久视之道”和“养生”的思想结合在一起而确立的一种宗教信仰。

道教这一宗教信仰的核心，是长生不死或成仙。系统论述这种信仰的是晋代的葛洪。针对一些无仙论的质问，葛洪做出了回答，他从人们认识的有限性出发，指出不知不见不可谓无。他说：“浅识之徒，拘俗守常，感曰世间不见仙人，便云天下必无此事。夫目之所曾见，当何足言哉？天地之间，无外之大，其中殊奇，岂遽有限，诣老戴天，而无知其上，终身履地，而莫识其下，形骸已所自有也，而莫知其心志之所以然焉。寿命在我者也，而莫知其修短之能至焉。况乎神仙之远理，道德之幽玄，仗其短浅之耳目，以断微妙之有无，岂不悲哉?”(《抱朴子·内篇·论仙》)但是，葛洪的这个说法，也是以不知不见论证其神仙的有，既然不知不见不可谓无，同样，不知不见也不可谓有。葛洪反对别人以不知不见说神仙之无，而他自己实际上又以其玄妙无知说神仙之有，而且他坚信不疑。同时，他又从历史的记载或传说中来肯定神仙之有，他说："若谓世无仙人乎，然前哲所记，近将千人，皆有姓字，及有施为本末，非虚言也”(《抱朴子·内篇·对俗》)。但是，历史传说中的仙人，即便真有，如老彭，他们也是禀之自然，而长生不是修炼所能奏效。对此，葛洪反驳说，人的长生要靠修炼而得，不是禀之自然。从自然来说，人的生命都是有限的，但人为万物之灵，能役使万物，为己所用，从而能超越有限的生命。他说："我命在我不在天”(《抱朴子·内篇·黄白》)。又说："夫陶冶造化，莫灵于人。故达其浅者，则能役用万物，得其深者，则能长生久视。知上药之延年，故服其药以求仙。知龟鹤之遐寿，故效其道引以增年。且夫松柏枝叶，与众木则别。龟鹤体貌，与众虫则殊。至于彭老犹是人耳，非异类而寿独长者，由于得道，非自然也。众木不能法松柏，诸虫不能学龟鹤，是以短折耳。人有明哲，能修彭老之道，则可与之同功矣”(《抱朴子·内篇·对俗》)。在此，葛洪把长生视为人为的结果。但是，葛洪在这一点上并不一贯，他又认为那些得仙者皆根源于先天所具有的气质，他说："命之修短，实由所值，受气结胎，各有星宿”(《抱朴子·内篇·塞难》)。又说："按仙经以为诸得仙者，皆其受命偶值神仙之气，自然所禀。故胞胎之中，已含信道之性”（《抱朴子·内篇·辨问》）。既然命中注定要成仙，那么不去修炼，也就无所损了；既然命中注定不能成仙，那么何必自讨苦吃，去做修炼的无用功呢？

尽管葛洪在成仙的可能性上存在着自然与人为的二重性，但他的侧重点还是强调人为和修炼，认为只要坚持修炼，就可以成仙。仙人最大的特别是长生或不死。《释名》说：“老而不死曰仙。仙，迁也。迁，入山也。”意思是迁入山林、生命永存的人。除了长生或不死，仙人还具有许多一般人不具有的特殊本领，如水火不伤、刀枪不入等。葛洪说：“仙人或升天，或住地，要于俱长生，去留各从其所好耳”，“寒温风湿不能伤，鬼神众精不能犯，五兵百毒不能中”（《抱朴子·内篇·对俗》）。但是，葛洪认为人有了许多特殊的本领，还是在人间好。应该在人间继续享受那些人应享受或应过的生活，升天不好，入山亦不值得，因为升天还有劳苦，入山断绝人理，葛洪说：“天上多尊官大神，新仙者位卑，所奉事者非一，但更劳苦，故不足役役于登天”，“若委弃妻子，独处山泽，邈然断绝人理，块然与木石为邻，不足多也”（同上）。这段话道出了求长生不死的最终目的。

道教求长生不死或成仙，主要是指身体或形体方面，试图在此追求超越，这是道教生死观的中心。但除此之外，道教生死观中亦有主张生死听之自然和求心灵或精神超越的侧面。照《云笈七签》的说法，人皆有好生恶死之心，但生死问题非常复杂，是人所不易解决的，最好的办法是任其自然，采取无可无不可的态度。卷九十说:“或未生而已死,或已死而重生;或不可以生而生,或不可以死而死;或可以死而不死,或可以生而不生;或有生而不如无生,或惜死而所以致死。是以致死之地则生,致生之地则死。或为知而不可以死,或为时而不可以生。或云劳我以生,生者好物也,不可恶其生。或云休我以死,死者恶物也,不可好其死。凡人,必非不好其生,不能全其生,非不恶其死,不能远其死。”又说:“生死之道,弘之在人。生死,常也,确乎在天。但禀以自然,则生死之道,无可而无不可也。”关于道教主张心灵或精神超越方面,则以王重阳创立的全真道为代表。全真道不注重或者否定身体成仙的思想,认为只有人心具有真实性,它是不生不灭的,而肉体是四大合成,是虚假的存在,不能长生不死,王重阳说:“唯一灵是真,肉身四大是假”(《金关玉琐诀》)。因而,想使形体不死和超凡脱俗,实在愚蠢和讲不通道理,王重阳说:“欲不死而离凡世者,大愚不达道理也”(《立教十五论》)。人真正应该做的是“识心见性”“证真”“身在凡而心在圣境”。这种把心灵证悟放在第一位、反对肉体成仙的新道教观念,是受了儒释影响而对传统道教革新的结果。

但是,道教作为道教,区别于儒释之道的特质,仍在于追求形体的长生或不死。如果说佛教是“修死”之学的话,那么,道教则可以说是“修生”之学。道教反映了人们对死的畏惧、逃避和眷恋生命的心理,并试图为人提供一种在形体上超越死亡,获得永恒性的方法。但如果真的按这种方法去做,它就无法再顾及其他,养生修炼就成了人唯一要做的事。如果真的能修炼成仙,那也算没有白费功夫,但事实上到头来只能是一场虚幻,人生就完全白费了。正如费尔巴哈所指出的那样，“真正说来，不死只是那些梦想家和懒汉们的事务。以人类生活的各种对象为职业的勤业者，却无暇想到死，从而，也就不需要什么不死。即使他也想到死，那末，他只是因此而得到忠告，聪明地把由他支配的生命资本进行投资，不把宝贵的光阴浪费于毫无价值的事上面，而是用于完成他给自己所规定的生活任务。反之，一个人如果把自己的光阴单单用于思想自己的不存在，由于这种一无益处的想入非非而忘记和失掉了现实的一生，那末……他的生活，总是缺乏现实的色彩”（《费尔巴哈哲学著作选集》上卷，第 276 页）。

二、养生修炼术

道教信仰长生不死、肉体成仙，是与它的修炼养生术息息相关的，或者说，为了达致长生不死的终极理想，道教提出了一套养生修炼术，主要有养神术、养气术、保精术、辟谷术、丹术等，下面分别简要介绍一下。

养神术，亦可称之为守一术，意为保持精神的恬静，不受任何外来事物的影响。《太平经》认为“养神守静”，就能拒斥凶邪，保持生命的长寿：“静身存神，即病不加也，年寿长矣，神明佑之。故天地立身以靖，守以神，兴以道。故人能清静，抱精神，思虑不失，即凶邪不得入矣。”为了养神恬静，道教又主张“守一”。但对“一”的理解并不一致，葛洪把“一”视为道，所以守一也就是守道，“守道”即可长生，《抱朴子·内篇·地真》载：“老君曰：忽兮恍兮，其中有象；恍兮忽兮，其中有物。一之谓也。故《仙经》曰：子欲长生，守一当明。”《云笈七签》则把“一”说成“气”，这样，守一也就成了“守气”，通过守气保生：“夫自然本一，大道本一，元气本一。一者，真正至元纯阳一气，与太无合体，与大道同心，自然同性……元气本一，化生有方。万须得一，乃遂生成；万若失一，立归死地。故一不可失也”（卷五十六《元气论》）。在道教那里，一不只是抽象的东西，它还体现为身体上的各个部位，《太平经》中的规定是：“头之一者，顶也。七正之一者，目也。腹之一者，脐也。脉之一者，气也。五藏之一者，心也。四肢之一者，手足心也。骨之一者，脊也。肉之一者，肠胃也。”《抱朴子·内篇·地真》中的说法是：“‘一’有姓字服色，男长九分，女长六分，或在脐下二寸四分下丹田中，或在心下绛宫金阙中丹田也，或在人两眉间，却行一寸为明堂，二寸为洞房，三寸为上丹田也。”把“一”具体到身体的各个部位，而“守一”也就是把意念落定在身体的某一部位上，专心致志。

养气术，是一种运用呼吸吐纳进行修炼的方法。所谓行气、服气、炼气、调息、导引等说法，都可被视为养气方法的不同名称。道教认为，人的身体是由气构成的，气存则生，气失则死。《太平经》载：“人有气则有神，有神则有气，神去则气绝，气亡则神去。故无神亦死，无气亦死。”因此，为了长生，也应该养气，《抱朴子·内篇·至理》说：“服药虽为长生之本，若能兼行气者，其益甚速，若不能得药，但行气而尽其理者，亦得数百岁。……善行气者，内以养身，外以却恶。”在道教那里，养气的具体方法很多，大致可归纳为外息与内息两种。外息即吐故纳新呼吸法，基本要求为意识专一，心平气和，节奏习缓，所谓轻、缓、匀、长、深等。内息亦称胎息，意谓不接受外界之气，而是运用体内已有的气自由循环，如同婴儿在胞胎之中呼吸一样。葛洪说：“得胎息者，能不以鼻口嘘吸，如在胞胎之中，则道成矣”（《抱朴子·内篇·释滞》）。

保精术，亦称“房中术”“黄赤之道”“男女合气之术”，是一种通过调节男女性活动，合理进行性生活，以达到养生目的的方法。在道教看来，人要长生久寿，必须保持自己的精气，不使亏损，《老子河上公注》载：“人能保身中之道，使精气不劳，五神不苦，则可以长久。”又载：“人能以气为根，以精为蒂，如树根不深则拔，蒂不坚则落，言当深藏其气，固守其精，使无漏泄。深根固蒂者，乃长生久视之道。”如果不注意调节性生活，纵欲无度，就会劳损，伤害元气。因此，道教很注重节制房事在养生中的作用，如葛洪说：“但知服草药，而不知还年之要术，则终无久生之理也”（《抱朴子·内篇·极言》）。又说：“凡服药千种，三牲之养，而不知房中之术，亦无所益也”（《抱朴子·内篇·微旨》）。

辟谷术，指不食五谷进行养生的方法。道教认为，五谷滞重，食后多积秽气，不能使人轻飞高翔，达到长生不老。其具体方法有：服饵辟谷，即通过服食人工炼成的丹药而避去五谷。服气辟谷，是通过吞食空气而避去五谷。服水辟谷，是通过饮用清水来避去五谷。

丹术，是通过炼丹以求长生的一种方法，这种方法在道教中占有重要的位置。丹术分为外丹和内丹。所谓外丹是指用铅、汞等药物做原料，放在炉火烧炼而成的丹药。服食这种丹药即可长生不死。葛洪对此深信不疑，他说："夫五谷犹能活人，人得之则生，绝之则死，又况于上品之神药，其益人岂不万倍于五谷耶？夫金丹之为物，烧之愈久，变化愈妙。黄金入火，百炼不消……服此二物，炼人身体，故能令人不老不死"（《抱朴子·内篇·金丹》）。但铅、汞都是剧毒之物，历史上服食炼成的丹药而致死的大有其人。企求长生，却换来个早死，真是可悲。与外丹不同，内丹是指以身体为炉，以精气为物，运用神去修炼，达到"精""气""神"三者凝聚不散，以得长生不死。内丹兴盛于唐宋，晚于外丹，其突出代表为宋代的张紫阳，张紫阳认为只有回到生命的本源"元气"，并加以修炼才能长生不死。

道教求长生不死的这些方法，虽也有某种道理，并能起到某些养生的目的，但充满着不少非科学性的东西，试图通过这些方法来获得长生不死，只能是一种虚幻的梦想。

第七章　佛教与生死

佛教是外来的宗教，它传到中国后，通过与中国传统儒道思想融合，成为中国佛教。中国佛教既然仍是“佛教”，当然就保有佛教的一般特性和基本理论，但既然又是“中国的”，自然有中国的特点，特别是禅宗。具体到生死观也是如此。佛教与其他宗教一样，关心的根本问题是人生，说到底就是生和死。显然，佛教的生死观有复杂和丰富的内容，但在此我们只就其最基本的方面略谈一下。

一、人生无常

人的生命是什么，它是否有内在的本源并有实在性，这是人学形上学的基本问题之一。按照中国传统儒道的说法，人的生命根源于气，气是实在的，人的生命当然也有其实在性和固有特性。与此不同，佛教认为，人的生命并没有固定的特性，它是由五蕴和合而成的一种现象。“蕴”也作“阴”，意为积聚或覆盖。所谓五蕴，是指构成人的生命的五种因素或成分：色、受、想、行、识。“色蕴”相当于物质现象，具体来说，包括四大：地、水、火、风。“四大”构成人的肉体或形体。皮肉筋骨属于地大，精血口沫属于水大，体温暖气属于火大，呼吸运动属于风大。“受蕴”相当于感觉内容，主要是由感官引起的苦、乐、喜、忧等情感。“想蕴”相当于理性或抽象作用，它是一种抽象的思考作用，是从个别事物中抽象出来的具有共同特征的“标证”。“行蕴”相当于意志，它是先于行动的心的一种努力。“识蕴”相当于意识，是统一各种心理作用的根本意识。“五蕴”中除了“色蕴”是物质现象，其余四蕴都属于精神现象。由此来看，佛教也把人的生命看成物质和精神的统一体，但是佛教强调，人的生命统一体只是物质因素和精神因素（“五蕴”）在一种因缘关系中的存在，如《杂阿含经》卷十二说：“智者因譬得解。譬如三芦立于空地，展转相依，而得竖立。若去其一，二亦不立；若去其二，一亦不立；展转相依，而得竖立。识缘名色，亦复如是。展转相依，而得生长。”生命既然是因缘的结果，就没有固定的常性，它犹如流动不息的水流和自生自灭的火焰。这不仅是说生命没有恒久性，刹那变化着，稍纵即逝，如《般泥洹经》卷上说：“世间无常，无有牢固，皆当离散，无常在者。心识所行，但为自欺，恩爱合会，其谁得久？天地须弥，尚有崩坏，况于人物，而欲长存？生死忧苦，可以厌矣。”而且是说它本身就是“空”、

“虚无”或“无我”，是一种虚幻不实的东西。《道德经·道行品》说：“幻如人，人如幻。”“譬如幻师于旷大处化作二大城，作化人满其中，悉断化人头。”佛教主张人生无常，目的在于引导人否定现实的生命，从对生命的执着中跳出来。

二、人生即苦

与人生无常相联系，佛教主张悲苦人生观。在它看来，人生就是痛苦和烦恼，或者说痛苦和烦恼就是人生的别名。佛教的“四谛”论中，其中一谛就是“苦谛”，专门讲人的痛苦和烦恼，主要有八种，它们分别是生苦、老苦、病苦、死苦、怨憎会苦、爱别离苦、求不得苦、五取蕴苦。《增一阿含经·四谛品》第二十五说：“彼云何名为苦谛？所谓苦谛者，生苦、老苦、病苦、忧悲恼苦、怨憎会苦、恩爱别离苦、所欲不得苦，取要言之，五盛阴苦。是谓名为苦谛。”在佛教看来，人未出胎时，就如同被幽闭在黑暗的地狱中，忍受母亲的各种折磨，如母亲喝热汤，就备受烫热之苦。出胎之后，又受外界各种刺激，如冷风触身，受寒冷之苦。生前生后都是苦，此构成生苦。人出生之后，就会逐渐变老，发白齿落，肌肉松弛，五官失灵，神志昏暗，活动不便，生命日促，此构成老苦。人在生时，常常与病为伍，从头到脚，从里到外，形体无处不病，众病交加，痛苦无比。除形体之病，还有心病，忧愁悲哀，不得安宁，十分烦恼，此构成病苦。有生就有死，要么因命终寿尽而死，要么因遇意外事物或灾难而死，皆不得免，为此胆战心惊，恐惧不安，此构成死苦。人在生时，往往有怨恨或憎恶的人和事，本欲求远离，但却避不开，偏偏遇上。冤家路窄，仇人多相遇，憎恶事也纷至沓来，由此构成怨憎会苦。人有憎恶，而求远离之欲望，也有因爱而求相聚不分之要求，但在实际中，相爱的人偏偏不能在一起。如父子、兄弟、夫妇、朋友，本求欢乐相处，却天南海北，各居一方，不能相聚，在离别中生活，此构成爱别离苦。人有生，就有各种要求、爱好、欲望，但这些往往求之不得，不能满足，人只能在缺乏中存在，此构成求不得苦。五蕴与取（指固执的欲望或执着）联结在一起产生种种贪欲，以上七苦皆为贪欲所致，贪欲永远不能满足，不断向人袭来，此构成五取蕴苦。佛教对人的苦恼的分析，可以说有一定道理，但是，它把人生的痛苦进一步扩展和夸大，不仅认为现世是苦——“三界无安，犹如火宅”，人就在熊熊火宅之中，备受煎熬，人生苦海无边，回头也无岸，永远脱离不了苦海，而且认为人生的过去（往世）和未来（来世）也是苦。总之，人生就是苦，就是烦恼，除了苦别无乐趣可言。一般来说，人生是苦还是乐，不易单从一个方面回答，但人们往往喜欢从一个极端来概括人生，从而形成了对立的两极，即悲观主义的人生观和乐观主义的人生观。佛教代表的就是典型的悲观主义的人生观。

三、生死轮回

在佛教看来，人的生命完结了，仍然不能消除人生的痛苦，今生的痛苦只不过是一连串因果报应中的一个环节，痛苦将无限地轮回转动下去，这就是佛教所主张的“因果报应，生死轮回”理论。佛教认为，人有身、口、意三种活动：身必有行，此为身业；口必有说，此为口业；意必有想，此为意业。三业包括了人的一切言行。业又被称为业因，它是因果报应、生死轮回的根源，众生各按自己的业因，而得到相应的果报。报也有三种，慧远说：“业有三报，一曰现报，二曰生报，三曰后报。现报者，善恶始于此身，即此身受。生报者，来生便受。后报者，或经二生、三生、百生、千生，然后乃受”（《三报论》，《弘明集》卷五）。佛教把世俗世界分为三种，即“欲界”“色界”“无色界”，合称为“三界”，又把世俗世界的一切有情识的机体称为“有情”“众生”，分为人、天、地狱、饿鬼、畜生等五类，叫作“五趣”或“五道”，加上阿修罗，称为“六趣”或“六道”。佛教认为，一切有情众生，只要没有超出生死的范围，都要按照“已作不失，未作不得”的因果关系，在“三界”“六道”之中永远流转。善恶各有报应，就像车轮一样，循环不已。佛教的这种“生死轮回”理论，在“十二因缘”说中有更具体的描述，它认为十二环节相互依赖、相生相爱，构成了一个因果链条，报应和生死轮回就是这十二环节的流转过程。所谓十二环节，即无明、行、识、名色、六入、触、受、爱、取、有、生、老死。这十二环节构成生命的不断循环，它们之间的因果关系，既可以从因到果往下推，又可以从果到因往上追。从原因到结果，“无明”是与生俱有的盲目无知，它是根本原因，由它引起各种善恶的意志和行为（“行”），由“行”引起个人统一体的“识”，由“识”引起构成身体的精神（“名”）和肉体（“色”），有了

“名”“色”，就会有眼、耳、鼻、舌、身、意等六种感觉器官（“六入”），有了感觉器官（“六入”），就有与外界事物的接触，由“触”引起苦和乐的感受（“受”），由“爱”引起渴爱、贪爱、欲望等，有了“爱”，就会有对事物的执着求“取”，由“取”引起生存和生存环境之“有”，有“有”就有“生”，有“生”就有“老死”。但到了“老死”，“十二因缘”的因果链条并没有终结，灵魂还要复生，继续在“十二因缘”的因果链条中流转、轮回。佛教的“十二因缘”说是很烦琐的，但它强调的东西却很简单，即把人的痛苦根源归结为人的业力，归结为人的自我意识，并认为只要通过自我净化、觉悟就能超越“生死轮回”。冯友兰在比较佛道的生死观时对生死轮回有一个简明的解释，他说：“佛教认为，形的存在或不存在是由一种更深的因果报应的规律所决定的。无论寿命的长短，都不能根本解决生死的问题。老子说：‘及吾无身，吾有何患。’照佛教说，没有那么便宜的事，你即使没有身，你的大患仍然存在。你的身，不过是从无始以来，一连串的因果报应的一个环节。问题不在于你的这个身体是不是能够永远存在下去，而在于你怎样才能从这个因果报应的环节中跳出去。这个一连串的环节，就是所谓‘生死轮回’。能够跳出去，就是所谓‘超出轮回’”（《中国哲学史新编》第 4 册，修订版，长春出版社，2017，第 193－194 页）。

四、神不灭论

佛教主张“因果报应”“生死轮回”，但谁是作业受报、轮回的主体呢？如果人的一切都是无常的，人死后也完全化为虚无，那么轮回说就难以成立。为了回答这个问题，佛教宣扬神不灭论，认为人死之后，形体虽不存在了，但其精神则永远不灭。慧远对此有一个影响较大的论证。在慧远之前，关于形神关系，一个基本的看法是：精神和形体是气化的结果，生为气之聚，死为气之散。人死了，精神和形体自然就不存在了。为了说明形灭神也灭的道理，有人把形神关系比喻为火和燃料的关系。说神托于形，也就如火托于燃料，燃料燃完了，火也就灭了，而形坏朽了，神也就灭了。针对这种神灭论观点，慧远提出了反面的论证。他认为精神受到物的影响而活动，但它不是物；它要凭借气数而存在，但它本身不是气数，因此，物不存在了，气数穷尽了，精神并不消失和穷尽，他说："神也者，圆应无生，妙尽无名，感物而动，假数而行。感物而非物，故物化而不灭；假数而非数，故数尽而不穷"（《沙门不敬王者论》，《弘明集》卷五）。对慧远来说，薪火之喻不能说明形尽神灭，相反恰恰能证明形尽而神不灭，他说："火之传于薪，犹神之传于形；火之传异薪，犹神之传异形。前薪非后薪，则知指穷之术妙。前形非同形，则悟情数之感深。惑者见形朽于一生，便以谓神情俱丧，犹睹火穷于一木，谓终期都尽耳。此曲从《养生》之谈，非远寻其类者也"（同上）。这就是说，薪传火如同形传神；不同的薪传同一的火，如同不同的形传同一的神。其结论应该是，薪可尽而火不灭，形可变而神永存。神不灭的确立，就为佛教的生死轮回提供了一个理论前提。

图书在版编目（CIP）数据

中国人的生死观 / 王中江著. -- 北京 ：中国人民大学出版社，2023.6

ISBN 978-7-300-31745-8

Ⅰ. ①中… Ⅱ. ①王… Ⅲ. ①生命哲学－研究－中国 Ⅳ. ①B083

中国国家版本馆 CIP 数据核字（2023）第 096890 号

中国人的生死观

王中江　著

Zhongguoren de Shengsiguan

出版发行	中国人民大学出版社		
社　　址	北京中关村大街 31 号	**邮政编码**	100080
电　　话	010－62511242（总编室）		010－62511770（质管部）
	010－82501766（邮购部）		010－62514148（门市部）
	010－62511173（发行公司）		010－62515275（盗版举报）
网　　址	http://www.crup.com.cn		
经　　销	新华书店		
印　　刷	涿州市星河印刷有限公司		
开　　本	890 mm×1240 mm　1/32	**版　　次**	2023 年 6 月第 1 版
印　　张	5.125 插页 4	**印　　次**	2025 年 6 月第 3 次印刷
字　　数	105 000	**定　　价**	49.00 元